한국인, 미얀마인 모두를 위한
일상생활의 필수 회화

활용
미얀마인-한국어
한국인-미얀마어
회화

온난다

문예림

활용 미얀마인-한국어 한국인-미얀마어 회화

2판 1쇄 인쇄 2022 년 6 월 10 일
2판 1쇄 발행 2022 년 6 월 20 일

지은이 온난다
펴낸이 서덕일
펴낸곳 도서출판 문예림

등록번호 1962. 7. 12. 제 2-110 호
주소 경기도 파주시 회동길 366 3 층
전화 02-499-1281 / **팩스** 02-499-1283
홈페이지 www.moonyelim.com **전자우편** info@moonyelim.com

ISBN 978-89-7482-783-0 (13790)

* 잘못 만들어진 책은 구입하신 서점에서 교환하여 드립니다.
* 이 책은 저작권법에 의해 보호를 받는 저작물이므로 무단전재와 복제를 금합니다.

머리말

우리가 한 나라의 언어를 배운다는 것은 그리 용이한 것이 아니다. 그러나 요즘 날로 인접되어 가고 있는 세계사회 속에서 각 나라의 언어는 국민 상호간의 진정한 이해력을 부각시키는 아주 중요한 의사전달 도구인 가운데 그 필요성이 날로 가중 되고 있는 현실이다.

그중에서도 특히 동남아시아 대륙의 서쪽끝에 위치해 미얀마는 많은 사람들의 관심 을 받고 있으며, 앞으로도 한국과 미얀마 두 나라 간 교류가 활발해질 것으로 전망 이 된다. 이런 두 나라간 교류가 활발해짐에 따라 꼭 필요하게 되는 것은 한-미 양국 국민이 진정한 의사소통이다.

이에 우리는 앞으로 한-미 양국 국민의 상호 진정한 의사 소통과 미얀마어 저변 확대를 위해 활용 미얀마인-한국어, 한국인-미얀마어 회화를 저술하게 되었다.

အမှာစာ

နိုင်ငံတစ်နိုင်ငံရဲ့ စကားကို သင်ယူတယ်ဆိုတာ လွယ်ကူတဲ့ ကိစ္စမဟုတ်ပါဘူး ။ သို့သော် နေ့စဉ်နှင့်အမျှ ပိုမို နီးကပ်လာတဲ့ ကမ္ဘာ့လူမှု အဖွဲ့အစည်းထဲမှာ နိုင်ငံအသီးသီးရဲ့ ဘာသာစကားဟာ တိုင်းသူပြည်သူအများကြား စစ်မှန်တဲ့ ရင်းနှီးမှု၊ နားလည်မှုတွေကို ပိုမို တိုးပွါးစေတဲ့ အလွန်အရေးပါ အရာရောက်တဲ့ နည်းလမ်းဖြစ်တဲ့အပြင် ဘာသာစကားလိုအပ်ချက်ဟာလည်း နေ့စဉ်နှင့်အမျှ အရေးပါတဲ့ အခန်းကဏ္ဍအဖြစ် ပါဝင်နေလျှက်ရှိပါတယ် ။

ထိုအထဲမှ အထူးသဖြင့် ကိုရီးယားနိုင်ငံနှင့် နယ်နိမိတ်ချင်း နီးစပ်သော အရှေ့တောင်အာရှ၏ အနောက်ဘက်စွန်းတွင် တည်ရှိတဲ့ မြန်မာနိုင်ငံဟာ ဒီမိုကရေစီနိုင်ငံအဖြစ် အသွင်ကူးပြီး လူအများ၏ စိတ်ဝင်စားမှုကို ခံနေရလျက်ရှိပြီး ရှေ့တွင်လည်း ကိုရီးယားနှင့် မြန်မာ နှစ်နိုင်ငံအကြား ကူးလူးဆက်ဆံမှုများ ပိုမို များပြားလာမည်ဟု မျှော်မှန်းလျက်ရှိပါတယ်။

ထိုသို့ နှစ်နိုင်ငံ ကူလူးဆက်ဆံမှုများ ပိုမိုများပြားလာတဲ့ အလျောက် အရေးပါလာတဲ့ လိုအပ်ချက်ကတော့ အပြန်အလှန် ဆက်သွယ်ပြောဆိုမှုပဲ ဖြစ်ပါတယ် ။ ထို့ကြောင့် စာရေးသူတို့ဟာ အနာဂတ် ကိုရီးယား-မြန်မာ နှစ်နိုင်ငံ ပြည်သူပြည်သားများ အကြား မှန်ကန်သော စကားအပြောအဆို၊ စစ်မှန်သော ကဆံရေးတည်ဆောက်နိုင်မှုအတွက် မြန်မာလူမျိုးများအတွက် အသုံးဝင် ကိုရီးယားစကား နှင့် ကိုရီးယားလူမျိုးများအတွက် အသုံးဝင် မြန်မာစကားပြော စာအုပ်ကို ထုတ်ဝေလိုက်ပါတယ်။

စာအုပ်ဖြစ်မြောက်ရန် အဖက်ဖက်မှ ဝိုင်းဝန်းကူညီအားပေးခဲ့ကြသော သူများအား အထူးကျေးဇူးတင် ဂုဏ်ပြုအပ်ပါတယ်။

목 차

머리말   3

제 1 부 : 기본문자, 발음과 문법

အခန်း ၁ ॥ အခြေခံအက္ခရာ၊ အသံထွက် နှင့် သဒ္ဒါ

제 1 과 미얀마어 기본문자와 발음

သင်ခန်းစာ (၁) မြန်မာစာ အခြေခံအက္ခရာ နှင့် အသံထွက်

1.1 자음(기본문자)   14

၁.၁ ဗျည်း (အခြေခံ အက္ခရာ)

1.2 기본문자의 명칭과 발음   15

၁.၂ အခြေခံ အက္ခရာ၏ အမည်နှင့် အသံထွက်

1.3 복합문자   17

၁.၃ ပေါင်းစည်းအက္ခရာများ

1.4 모음과발음   19

၁.၄ သရ နှင့် အသံထွက်

1.5 성조 21

၁.၅ တက်ကျသံ

제 2 과 미얀마어 문법

သင်ခန်းစာ (၂) မြန်မာသဒ္ဒါ

2.1 단문

၂.၁ ဝါကျရိုး 24

2.1.1 등위문 24

၂.၁.၁ ဂုဏ်ရည်ပြဝါကျ

2.1.2 서술문 25

၂.၁.၂ ထုတ်ဖော်ဝါက်

2.2 부정문 ၂.၂ ငြင်းပယ်ဝါကျ 26

2.3 의문문 ၂.၃ မေးခွန်းဝါကျ 27

2.3.1 일반의문문 ၂.၃.၁ အမေးဝါကျရိုး 27

2.3.2 의문사 의문문 ၂.၃.၂ အမေးပုဒ် မေးခွန်းဝါကျ 28

2.4 명령문 ၂.၄ တိုက်တွန်းပါကျ

   2.4.1 긍정 명령문   29

   ၂.၄.၁ ထောက်ခံသဘောတူညီကြောင်း ပြ တိုက်တွန်းပါကျ

   2.4.2 부정 명령문   30

   ၂.၄.၂ ငြင်းဆိုခြင်းပြ တိုက်တွန်းပါကျ

2.5 청유문   30

   ၂.၅ ဆန္ဒပါကျ

2.6 접속사   31

   ၂.၆ သမ္ဗန္ဓ

제 3 과 한국어 기본문자와 발음

သင်ခန်းစာ (၃) ကိုရီးယားအခြေခံ အက္ခရာနှင့် အသံထွက်

   3.1 자음과 발음   34

   ၃.၁ ဗျည်းနှင့်အသံထွက်

   3.2 종자음(받침)과 발음   36

   ၃.၂ ပါဌ်ဆင့်နှင့် အသံထွက်

3.3 모음과발음 37

၃.၃ သရနှင့် အသံထွက်

3.4 한국어 문법 38

၃.၄ ကိုရီးယားသဒ္ဒါ

제 2 부 생활단어들

အခန်း(၂) နေ့စဉ်သုံး ဝေါဟာရများ

제 1 과 가족관계 44

သင်ခန်းစာ(၁) မိသားစုဆက်နွယ်မှု

제 2 과 수사 47

သင်ခန်းစာ(၂) ကိန်းဂဏန်း

제 3 과 색깔 58

သင်ခန်းစာ(၃) အရောင်

제 4 과 방향 60

သင်ခန်းစာ(၄) အရပ်မျက်နှာ

제 5 과 측정단위					62

သင်ခန်းစာ(၅) အတိုင်းအတာယူနစ်

제 6 과 신체					64

သင်ခန်းစာ(၆) ခန္ဓာကိုယ်အစိတ်အပိုင်း

제 7 과 병명과 의학					66

သင်ခန်းစာ(၇) ရောဂါအမည်နှင့် ဆေးပညာ

제 8 과 교통과 장소					69

သင်ခန်းစာ(၈) ယာဉ်ကြောနှင့် နေရာ

제 9 과 생활용품					72

သင်ခန်းစာ(၉) နေ့စဉ်သုံးပစ္စည်းများ

제 10 과 형용사 반대어					82

သင်ခန်းစာ(၁၀) ဆန့်ကျင်ဘက်ပြ ကြိယာဝိသေသနများ

제 3 부 주요 대화
အခန်း(၃) အသုံးဝင်အပြောများ

제 1 과 인사　　　　　　　　　88

သင်ခန်းစာ(၁) နှုတ်ခွန်းဆက်

제 2 과 소개　　　　　　　　　93

သင်ခန်းစာ(၂) မိတ်ဆက်ခြင်း

제 3 과 감사와 사과　　　　　　94

သင်ခန်းစာ(၃) ကျေးဇူးတင်ခြင်းနှင့် တောင်းပန်ခြင်း

제 4 과 부탁이나 권유　　　　　99

သင်ခန်းစာ(၄) တောင်းဆိုခြင်းနှင့် အကြံပြုခြင်း

제 5 과 교통　　　　　　　　　103

သင်ခန်းစာ(၅) သွားလာခြင်း

제 6 과 전화사용　　　　　　　107

သင်ခန်းစာ(၆) ဖုန်းစကားပြောခြင်း

제 7 과 공항에서　　　　　　　109

သင်ခန်းစာ(၇) လေဆိပ်တွင်

제 8 과 호텔에서　　　　　　　114

သင်ခန်းစာ(၈) ဟိုတယ်တွင်

제 9 과 우체국에서 118
သင်ခန်းစာ(၉) စာတိုက်တွင်

제 10 과 약국에서 124
သင်ခန်းစာ(၁၀) ဆေးဆိုင်တွင်

제 11 과 병원에서 128
သင်ခန်းစာ(၁၁) ဆေးရုံတွင်

제 12 과 가게에서 133
သင်ခန်းစာ(၁၂) ဈေးဆိုင်တွင်

제 13 과 집에서 식사할 때 142
သင်ခန်းစာ (၁၃) အိမ်တွင် ထမင်းစားချိန်

제 14 과 외식할 때 143
သင်ခန်းစာ(၁၄) အပြင်စာစားချိန်

부록 ~ 한국어 미얀마 양국 편람 153

제 1 부

기본 문자, 발음과 문법

အခန်း ॥ ၁ ॥

အခြေခံအက္ခရာ၊ အသံထွက် နှင့် သဒ္ဒါ

제 1 과 기본 문자와 발음
သင်ခန်းစာ (၁) အခြေခံ အက္ခရာ နှင့်.အသံထွက်

1.1 기본 문자-자음 ~ ၁.၁ ။ ဗျည်း (အခြေခံ အက္ခရာ)

က	ခ	ဂ	ဃ	င
စ	ဆ	ဇ	ဈ	ည
ဋ	ဌ	ဍ	ဎ	ဏ
တ	ထ	ဒ	ဓ	န
ပ	ဖ	ဗ	ဘ	မ
ယ	ရ	လ	ဝ	သ
	ဟ	ဠ	အ	

※ 미얀마어의 기본 문자에는 자음 33자로 구성되어 있다. 이들 자음은 자음 자체 그대로 발음할 경우에는 다음과 같이 모음 "a"를 동반하여 발음한다.

이상 33개의 자음표에서 제 1단의 5문자는 연구개음, 제 2단의 5문자는 말자음, 제3단과 4단의 10문자는 치경음, 제 5단의 5문자는 양순음, 제 6단과 7단은 반모음(,,),측면음(,),치간음(),성문음(), 그리고 제 8단은 모음을 각각 나타낸다. 또는 제 5단까지 보았을 때, 제일 좌측인 제 1열의 5문자는 무성무기음, 좌측에서 제 2열의 5문자는 무성유기음, 제 3과 제 4열의 10문자는 유성음, 그리고 제일 우측인 제5열의 5문자는 비음을 각각 나타낸다.

1.2 기본 문자의 명칭과 발음

၁.၂ အခြေခံ အက္ခရာ၏ အမည်နှင့် အသံထွက်

기본문자 (자음)	발음	명칭	발음	발음기호
က	까	ကကြီး	까지	ka
ခ	카	ခခွေး	카구웨이	kha
ဂ	가	ဂငယ်	가(응)애	ga
ဃ	가	ဃကြီး	가지	ga
င	(응)아	င	(응)아	nga
စ	사	စလုံး	사아롱	sa
ဆ	싸	ဆလိမ်	싸레이	sa
ဇ	자	ဇကွဲ	자구웨	za
ၛ	자	ၛမျဉ်းဆွဲ	자민주에(이)	za
ည	냐	ညကြီး	(으)냐지	nya
ဋ	따	ဋသန်းလျင်းချိတ်	땃떨린제잇	ta
ဌ	타	ဌဂမ်းဘဲ	타윈베(이)	hta
ဍ	타	ဍရင်ကောက်	다엔가욱	da

ဎ	다	ပရေမ္မွတ်	다에(흠)옥	da
ဂ	나	ဂကြီး	나자	na
ပ	따	တပမ်းပု	따윈뿌	pa
ဘ	타	ထဆင်ထူး	타시인투	hpa
ဒ	다	ဒဓွေး	다두웨(이)	ba
ဓ	다	ဓအောက်ချိုက်	다아욱차익	ba
န	나	နငယ်	나(응)애	ma
ပ	빠	ပစောက်	빠자욱	ya
ဖ	피	ဖဦးထုပ်	파웃톡	ya
ဗ	바	ဗထက်ချိုက်	바럿차익	la
ဘ	바	ဘကုန်း	바공	wa
မ	마	မ	마	tha
ယ	야	ယပက်လက်	얏빨렛	ha
ရ	야	ရကောက်	야가웃	la
လ	라	လ	라	a
ဝ	와	ဝလုံး	와롱	wa
သ	따	သ	따	tha
ဟ	하	ဟ	하	ha
ဠ	라	ဠကြီး	라지	la
အ	아	အ	아	a

1.3. 복합 문자 ~ ၁.၃ ပေါင်းစည်းအက္ခရာများ

미얀마어에서는 복합 문자란 기본 문자에 구개화 부호, 무성화 부호, 순음화 부호 등의 특정 부호인 자음 부호가 첨가되어 이루어진 일종의 이중 자음을 말한다.

복합문자	글자	글자 이름	발음	사용(예외)
구개화부호	(ျ) (ြ)	(ယပင့်), (ရရစ်)	(야삐잇 /ya.pin.), (야예잇/ ya.yi.)	자음표 제 1단의 자음 (연구 개음, က ခ ဂ) 과 제 5단의 자음(양순음, ပ ဖ ဗ မ)들과 결합한다.
무성화부호	(ှ)	ဟထိုး	(하토우 /ha.htou)	자음표 제일 우측의 비음 (င ည န မ) 과제 6단과 제 7단의 5문자(ယ,ရ,လ,ဝ,သ,)들과 결합한다.
순음화부호	(ွ)	ဝဆွဲ	(외쑤웨 /wa.hswe.)	자음표 제 3단의 5문자(ဌ ဍ ဎ ဏ တ) 와 제 1단, 제 2단의 우측에서 제 2열의 2문자 (ဃ ၆)그리고 자음 (ဝ) 자체와의 결합을 제외하고는 기본 문자와 복합 문자 모두와 결합한다.

◾ 예문 (1) : 구개화 부호 (⌄, ☐ , ☐)에 의한 복합문자

᠇ᢅ	ᢛ	ᢈ	ᢔ	ᢐ	ᢇ	ᢑ
짜	차	자	빠	파	뱌	먀
ᢗ	ᢈ	ᢈ	ᢈ	ᢈ	ᢈ	ᢈ
짜	차	자	빠	파	뱌	먀

◾ 예문 (2) : 무성화 부호 (ˌ) 에 의한 복합문자

᠀	᠁	᠂	᠃	᠄	᠅	᠆	᠇	᠈
흥아	흐냐	흐나	흐마	샤	샤	흘라	화	샤

◾ 예문 (3) : 순음화 부호 (○) 에 의한 복합문자

᠉	᠊	᠋	᠌	᠍
꽈	콰	과	응와	솨
쏴	좌	뉴아	똬	톼
돠	놔	쁘와	퐈	봐
뵤	뫄	유아	유아	롸
똬	화	쫘	쫘	촤

ချာ	ကျွာ	ပြွာ	မြွာ	နှွ
차	좌	뷰아	뮤아	흐놔
	မှွ	ရှွာ	လျှ	
	흐마	슈아	흘롸	

1.4 모음과발음 ~ ၁.၄ သရနှင့် အသံထွက်

모음	발음	발음기호
–	아 (한국어의 '아'보다 높고 짧게 발음한다.)	a
ാ ၊ ါ	아	a
ိ	이 (한국어의 '이'보다 높고 짧게 발음한다.)	i
ီ	이	i
ု	으	u
ူ	우	u
ေ	에이	ei
ဲ	에	e
ော ၊ ေါ်	어	o
ို	오	ou
်ယ်	애	ɛ

_က်	엑	e?
ေ_ာက်၊ ေ_ာက်	아욱	au?
ိ_ က်	아익	ai?
_င်း၊ _ှ်	잉	in
ေ_ာင်း၊ ေ_ာင်း	아웅	aun
ိ_ င်	아잉	ain
_စ်	읻	i?
_ည်	이	i
_တ်၊ _ပ်	앋	a?
ိ_တ်၊ ိ_ပ်	에읻	ei?
_ုတ်၊ _ုပ်	옫	ou?
_ွတ်၊ _ွပ်	우욷	u?
_န်၊ _မ်၊ _ံ	안	an
ိ_န်၊ ိ_မ်	에인	ein
_ုန်၊ _ုမ်၊ _ုံ	으온	oun
_ွန်၊ _ွံ	우운	un

1.5 성조 ~ ၁.၅ တက်ကျသံ
A. 성조의 종류 ~ က၊ တက်ကျသံအမျိုးအစား

미얀마어에는 3개의 성조가 있다. 성조가 바뀌면 의미가 다를 수 있어서 미얀마어에서는 성조의 정확한 습득이 중요하다.

3개의 성조구분
၁.၅.၁ ။ တက်ကျသံသုံးမျိုး ခွဲခြားခြင်း

    1성조 = 하강형, 높고 짧게 발음
    2성조 = 저평형, 낮고 길게 높잦음이 거의 없는 발음
    3성조 = 고평형, 높고 길게 끝은 약간 하강하듯 발음

B. 성조 부호의 명칭과 결합
ခ၊ တက်ကျသံ သင်္ကေတ ၊ အမည်နှင့် ပေါင်းစပ်ခြင်း

미얀마어에서의 성조는 အ၊ အီ၊ အု (a, i, u) 3모음에서는 제 3성조를 제외하고는 모음 부호를 바꿈으로써 성조를 구별하지만 အေ၊ အဲ၊ အော၊ အို (ei, e, o, ou) 4모음에서는 다음의 성조 부호를 덧붙여 3개의 성조를 각각 나타낸다.

성조부호의 명칭과 결합

제 1성조 부호	(့)	아웃까밋	au?ka.myi?
제 2성조 부호	(း)	섀잇토	shei.htou:
제 3성조 부호	(ႏ)	윗사빠웃	wi?sa.pau?

7개의 단모음에 있어서 자음과 모음 부호와 그리고 성조 부호와의 결합을 각 성조 별로 나타내면 다음과 같다.

제 1성조		제 2성조		제 3성조	
-အ	a.	အာ	a	အား	a:
အိ	i	အီ	i	အီး	i
အု	u.	အူ	u	အူး	u:
ေအ့	ei.	ေအ	ei	ေအး	ei:
အဲ့	e.	အယ်	e	အဲ	e:
ေအာ့	o.	ေအာ်	o	ေအာ	o:
အို့	ou.	အို	ou	အိုး	ou:

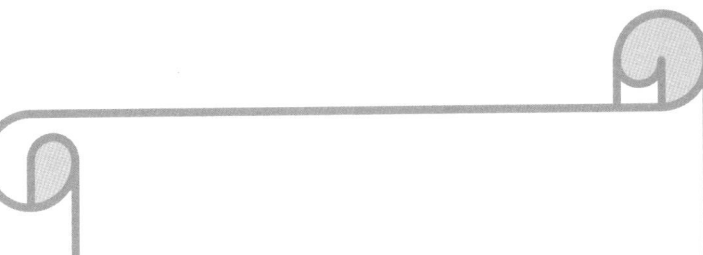

제 2 과
미얀마어 문법

제 2 과 미얀마어 문법
သင်ခန်းစာ (၂) မြန်မာသဒ္ဒါ

미얀마어의 기본 문형은 주어+목적어+술어의 어순으로 되어 있고, 인칭이나 시제에 따라 동사의 변화가 없다. 문장을 분류할 때 크게 단문과 본문으로 구분한다.

2.1 단문 ~ ၂.၁။ ပါကျိုး

단문이란 각각 하나씩의 주어와 술어로 구성된 문장을 말한다.

2.1.1 등위문 ~ ၂.၁.၁။ ဂုက်ရည်ပြပါကျ

등위문이라 함은 주어와 보어로 구성된 문장으로 주어가 항상 보어에 선행한다. 미얀마어에서 등위문의 종조사 기능으로 존경의 " ပါ " " pa " 나 강조의 " ပဲ " " pe " :가 사용되지만, 이것들이 생략되기도 한다.

☞ ကျွန်တော် ဆရာဝန်ပါ။

    (짜노 사야웡바)   저는 의사입니다.

☞ ကျွန်တော့် သူငယ်ချင်းပါ။

    (짜노 뚜애칭바)   저의 친구입니다.

☞ မနက်ဖြန် စနေနေ့ပါ။

    (마넷퐌 사네이넷바)   내일은 토요일입니다.

2.1.2 서술문 ~ ၂.၁.၂ ထုတ်ဖော်ပြချ

서술문이라 함은 주어와 술어로 구성된 문장으로 주어가 항상 술어에 선행한다.미얀마어에서 서술문 쓰이는 대표적인 종조사로는 서술형 종조사 "တယ်" " te":(과거형,형재형),의지 또는 추측형 종조사 "မယ်" " me ":(미래형,그리고 어떤 상황이 이미 발생하여 그것이 형재까지 계속되고 있는 상태를 니타내는 현재완료 성격의 종조사 "ပြီ" "pyi" 가 사용된다.

☞ ကျွန်တော် ပျော်တယ်။
 (짜노 쀼어대)   저는 행복합니다.

☞ ကျွန်တော် ထမင်းစားနေတယ်။
 (짜노 타민 사네이대)   저는 밥을 먹고 있습니다.

☞ မနက်ဖြန် ကျောင်းသွားမယ်။
 (마넷퐌 짜옹 뚜와매)   내일 학교에 가겠습니다.

☞ ဆရာ လာသွားပြီ။
 (싸야 라뚜와비)   교수님이 오셨습니다.

☞ အမေပြောတဲ့.အတိုင်း လုပ်ပါ.မယ်။
 (아메 뼈뎃아따인 로옷바매)   어마가 말씀하신 대로 반드시 하겠습니다.

☞ နောက်တစ်ပတ်ကျွန်တော်တို့.မိသားစုအားလုံးကိုရီးယားကို ခရီးသွားမယ်။
 (나옷 다뻿 짜노도옷 미따수 아롱 꼬리아꼬 카이 투엣매)
 다음주에 우리 가족 다 한국으로 영행 떠날 것입니다.

☞ အဲဒီအထိ တစ်နာရီလောက် ကြာမယ်၊

(에디아티 따나이라욱 짜매)　　거기 까지는 한시간 정도 거릴 것이다.

☞ အိမ်စာ အားလုံး လုပ်ပြီးသွားပြီ၊

(에인사 아롱 로옷삐퍄비)　　숙제를 다 했습니다.

2. 2 부정문 ~ ၂ . ၂ ။ ငြင်းပယ်ဂါက

부정문은 모든 시제에서 동사나 형용사 앞에 부장사 "မ"마를, 뒤에 "ဘူး" 부를 붙여 표현한다. 즉 동사를 "마"하고 "부" 사이에 놓다. 명사의 경우에는 명사 뒤에 "မဟုတ္ဘူး" (마 훗부)를 붙여 쓴다. ❧ 주의할 점은 "부"는 "푸"로 발음한다.

☞ ငါ ဆရာမဟုတ်ဘူး၊

(호아 싸야 마훗부.)　　나는 선생님이 아니다.

☞ ဒီဟာ မခက်ဘူး၊

(디하 마캐엣부.)　　이게 어려운 일이 아니다.

☞ ပိုက်ဆံ မရှိဘူး၊

(빠익산 마시부.)　　돈이 없다.

2.3 의문문 ~ ၂. ၃ ။ မေးခွန်းပါကျူ

2.3.1 일반 의문문 ~၂. ၃.၁။ အ မေးပါကျူရှ

의문조사 " လား" 라 " ဖြစ်သလား： "핏더라" " သလား： " 델라 "를 붙여서 쓴다.

(A) 1형식 문장▶ 명사 다음에 "လား" 라 " ဖြစ်သလား： "핏더라" 를 사용.

주의 : ဖြစ်သလား： /핏더라/ 는 구어체보다 문어체에 쓴다.

☞ ကျောင်းသားလား။?

(짜웅다라) 학생입니까?

(B) 2형식 문장 ▶ 동사와 형용사 다음에 "သလား："델라" 를 사용.

☞ လုပ်သလား：?

(로웃델라) 했습니까?

2.3.2 의문사 의문문 ~ ၂. ၃. ၂။ အမေးပုဒ် မေးခွန်းပါကျွ

의문사를 사용하는 의문문에서는 "လား" "라" 대신에 "လဲ" "레"를 사용한다.

육하원칙 의문사

ဘယ်သူ [베두]			누가?	ခင်ဗျား ဘယ်သူလဲ။ (킹뱌 베두레?) 당신은 누구입니까?
ဘယ်အချိန် [베아체인]	ဘယ်တုန်းက [베동가] (과거형)	ဘယ်တော့မှ [베도흐마] (미래형)	언제?	ဘယ်အချိန်လဲ။ (베아체인레?) 언제입니까?
ဘယ်မှာ [베흐마]			어디서?	ဘယ်မှာရှိလဲ။ (베흐마 시레?) 어디에 있습니까?
ဘာ [바]			무엇?	ဘာရှာတာလဲ။ (바샤다레?) 무엇을 찾습니까?
ဘယ်လို [벨로]			어떻게?	ဘယ်လိုဖြစ်တာလဲ။ (벨로 피잇따레?) 어떻게 됐습니까?
ဘာဖြစ်လို့ [바빌로]			왜?	ဘာဖြစ်လို့ သွားတာလဲ။ 바빌로 따다레? 왜 갑니까?

2.4 명령문 ~ ၂. ၄ ။ တိုက်တွန်းခါကျ

2.4.1. 긍정 명령문

၂.၄.၁။ ထောက်ခံသဘောတူညီကြောင်းပြ တိုက်တွန်းခါကျ

긍정 명령문에는 세 가지의 종류가 있다.

1) 동사 뒤에 존경의 조동사 "ပေးပါ" "pay par"를 붙이는 경우
2) 동사 뒤에 명령의 조동사 "ပါ" "par"를 붙이는 명령의 강도 높인 경우
3) 동사만으로 쓰고 아주 강한 명령의 형태로 나타내는 경우

☞ မြန်မြန်လုပ်ပေးပါ။

　(만만 로옷 뻬이바.)　　　빨리 해 주세요

☞ ဒီကိုလာပါ။

　(디꼬 라바.)　　　여기 오세요.

☞ ငါ့နောက်လိုက်ခဲ့။

　(홍아 나옥 라잇캐.)　　　날 따라 와.

☞ ငြိမ်ငြိမ်နေ။

　(니엔니엔 네이.)　　　조용히 해.

☞ အဲယားကွန်း ဖွင့်။

　(에어컨 푸이잉.)　　　에어컨을 켜.

2.4.2 부정 명령문 ~ ｊ.ç.Ｊ။ ငြင်းဆိုခြင်းပြု တိုက်တွန်းပါကျ

〈하지 마!〉라는 금지 명령문으로 부정형 " မ- ဘူး" "ma-bu" 의 " " 대신 " မ- ပ (နဲ့) "ma-(pa) -ne" 를 놓어쓴다.

☞ အဲဒီကို မသွားပါနဲ့။
(에디꼬 마뚜와바넷.)　　　거기 가지 미세요.

☞ အရက် အများကြီး မသောက်ပါနဲ့။
(아얫 아먀지 마따옥바넷.)　　　술 많이 먹지 마.

☞ သူငယ်ချင်းနဲ့ ရန်မဖြစ်ပါနဲ့။
(뚜애친넷 얀마피잇바넷.)　　　친구랑 싸우지 마.

2.5 청유문 ~ ｊ.၅။ ဆန္ဒ ပါကျ

상대방에게 " 하자 /합시다 " 등의 청유문은 동사에 " စို့" "soh"(자) 나 " ကြစို့" "kya so" (읍시다) 를 붙여서 표현한다.

☞ ပိတ်ရက်မှာ သွားစို့။
(삐잇얙흐마 뚜와솟.)　　　주말에 가자.

☞ အခု ကြိုးကြိုးစားစား စာလုပ်စို့။
(아쿠 쪼쪼사사 사룻짜솟.)　　　이제 열심히 공부하자.

☞ ငါတို့ မနက်ဖြန် ကျောင်းမှာ တွေ့ကြစို့။
(홍아돋 마낵퍈 짜운흐마 뚜엣자솟.)　　　우리 내일 학교에서 봅시다.

2.6 접속사 ~ သမ္ဗန္ဓ

1) နှင့်.(흐넷) : ~ 와, ~ 하고 (주의: 구어체에서는 နှင့်.(흐넷) 대신에 နဲ့.(넷)을 쓴다.
   - ☞ နှင့် နဲ့. ငါ
     (닝 넷 홍아 .)   너 와 나
   - ☞ ငါနဲ့. သွားစို့.။
     (홍아네 뚜와솟 .)   나하고 가자

2) သို့.သော်/ ဒါပေမယ့်. [도웃더 / 다베멧] [그러나] (주의 : 구어체에서는 ဒါပေမယ့်. , 문어체에서는 သို့.သော် 많이 사용한다)
   - ☞ ဝယ်ချင်တယ်၊ ဒါပေမယ့်. ပိုက်ဆံမရှိဘူး ။
     (웨친대 다베멧 빠익산 마시부 .)   사고싶다. 그러나 돈이없다

3) ပေမယ့်. : ~지만
   - ☞ ဈေးကြီးပေမယ့် အရသာမရှိဘူး။
     (세이찌베멧 아야따 마시부 .)   비싸지만 맛이 없다.

4) သို့.မဟုတ် [또마훗] / ဒါမှမဟုတ်[다흐맛마훗] : 아니면
   - ☞ နင် ဒါမှမဟုတ် ငါသွားမယ်၊
     (닝 다흐맛마훗 홍아 뚜와매.)   니가 아니면 내가 갈게.

5) ထို့.ကြောင့်. [톳짜운] / ဒါကြောင့်. [다짜운]: 그러니까/ 그래서
   주의: 구어체에서는 (다짜운), 문어체에서는 (톳짜운)

☞ ဒီ စာအုပ်က ဈေးကြီးတယ်။ ဒါကြောင့် မဝယ်ခဲ့ဘူး။

(디 사옷까 제이찌대. 다짜운 마웨캣부.) 이 책은 비싸다. 그래서 안 샀다.

6) လို့. [롯] : 아/어여서

☞ မိုးရွာလို့. မသွားဘူး။

(모유와롯 마뚜와부.) 비가 와서 안 갔어.

7) ၏[잇], ရဲ့.[얫] : (~의) 참고 : 문어체에서는 "၏" 구어체에서는 "ရဲ့"

소유격 조사 (ပိုင်ဆိုင်ခြင်းပြ ဝိဘတ်)	ကိန်း (수)	ပိုင်ဆိုင်ခြင်းပြနာမ်စား (소요격대명사)	အဓိပ္ပါယ် (뜻)
~၏ (구어체) ~ရဲ့. (문어체)	ဧကပုဒ်ကိန်း (단수)	ငါ၏, ငါ့.ရဲ့. (흥아잇, 흥아얫)	나의
		ကျွန်တော်၏, ကျွန်တော့်.ရဲ့. (쭌더잇, 쭌더얫)	저의
		နင်၏, နင့်.ရဲ့.(닌잇, 닌얫)	너의
		ခင်ဗျား၏, ခင်ဗျားရဲ့. (킹뱌잇, 킹뱌얫)	당신의
		သူ၏, သူ့.ရဲ့.(뚜잇, 뚜얫)	그의
	ဗဟုပုဒ်ကိန်း (복수)	ကျွန်ုပ်တို့.၏, ကျွန်ုပ်တို့.ရဲ့. (쭌좀돈잇, 쭌좀돈얫)	우리의
		ကျွန်တော်တို့.၏, ကျွန်တော်တို့.ရဲ့. (쭌더돈잇, 쭌더돈얫)	저희의
		နင်တို့.၏, နင်တို့.ရဲ့. (닌돈잇, 닌돈얫)	너희의
		ခင်ဗျားတို့.၏, ခင်ဗျားတို့.ရဲ့. (킹뱌돈잇, 킹뱌돈얫)	당신들의
		သူတို့.၏ (뚜돈잇)	그들의

제 3 과
한국어 기본문자, 발음과 문법

သင်ခန်းစာ (၃)
ကိုရီးယားစာ
အခြေခံအက္ခရာ၊အသံထွက်နှင့် သဒ္ဒါ

제 3 과 한국어 기본문자와 발음
သင်ခန်းစာ (၃) ကိုရီးယားစာ အခြေခံအက္ခရာနှင့် အသံထွက်

3.1 자음과 발음 ~ ၃.၁ (ဗျည်းနှင့်အသံထွက်)

자음 (ဗျည်း)	발음 (အသံထွက်)	글자이름 (ဗျည်းအမည်)	발음 (အသံထွက်)	발음기호
ㄱ	ဂ	기역	ဂီယော့	ga
ㄴ	န	니은	နီအွန်း	na
ㄷ	ဒ	다귿	ဒီဂွတ်	da
ㄹ	လ	리을	လီအူးလ်	ra
ㅁ	မ	미음	မီအုံး(မ်)	ma
ㅂ	ဘ	비읍	ဘီအုပ်(ဗ်)	ba
ㅅ	စ	시옷	ရှီအို့	sa
ㅇ	အ	이응	အီအွန်း(င်)	a
ㅈ	ဂျ	지읒	ဂျီအဲ	za

ㅊ	ချ	치읓	ချိအု့	cha
ㅋ	ခ	키읔	ခီအု့	kha
ㅌ	ထ	티읕	ထီအု့(ဒ်)	hta
ㅍ	ဖ	피읖	ဖီအု့(ပ်)	pha
ㅎ	ဟ	히읗	ဟီအု့(ဒ်)	ha

ㄲ	ကာ	쌍기역	ဆန်းဂီယော့(ပ်)	ka
ㄸ	ကာ	쌍디귿	ဆန်းဒီဂု(ဒ်)	ta
ㅃ	ပ	쌍비읍	ဆန်းဘီအု့(ပ်)	pa
ㅆ	ဆ	쌍시옷	ဆန်းရှီအု့(ဒ်)	sa
ㅉ	ကျ	쌍지읒	ဆန်းဂျီအု့(ဒ်)	ja

3.2 종자음(받침) 발음 ~ ၃.၂။ ပါဌ်ဆင့်နှင့် အသံထွက်

순서	단독자음	복합자음	혼합자음	종자음
1	ㄱㅋ	ㄲ	ㄳ, ㄺ	ㄱ(ga)
2	ㄴ		ㄵ, ㄶ	ㄴ(na)
3	ㄷㅅㅈㅊㅌㅎ	ㅆ		ㄷ(da)
4	ㄹ		ㄼ, ㄽ, ㄾ, ㅀ	ㄹ(la)
5	ㅁ		ㄻ	ㅁ(ma)
6	ㅂ		ㄿ, ㅄ	ㅂ(ba)
7	ㅇ			ㅅ(sa)

복합자음 3자 (ㄸ, ㅃ, ㅉ)는 초자음으로만 사용하고, 복합자음 2음과 혼합자음 5음도 단독자음 7음에 포함되기 때문에 종자음에는 7음이 있다.

3.3 모음과 발음 ~ ၃ . ၃။ သရနှင့် အသံထွက်

종류	모음	발음	발음기호
단모음	ㅏ	အာ	a
	ㅑ	ယာ	ya
	ㅓ	အော	eo
	ㅕ	ယော	yeo
	ㅗ	အို	o
	ㅛ	ယို	yo
	ㅜ	အူ	u
	ㅠ	ယူ	yu
	ㅡ	အွတ်	eu
	ㅣ	အီ	i
이중 모음	ㅐ (ㅏ+ㅣ)	အဲ့	ae
	ㅒ (ㅑ+ㅣ)	ယဲ့	yae
	ㅔ (ㅓ+ㅣ)	အဲ	e
	ㅖ (ㅕ+ㅣ)	ယဲ	ye
	ㅘ (ㅗ+ㅣ)	ဝါ	wa
	ㅙ (ㅗ+ㅐ)	ဝဲ့	wae
	ㅚ (ㅗ+ㅣ)	ဝဲ	oe
	ㅝ (ㅜ+ㅓ)	ဝေါ	wo
	ㅞ (ㅜ+ㅔ)	ဝဲ	we
	ㅟ (ㅜ+ㅣ)	ဝီ	wi
	ㅢ (ㅡ+ㅣ)	အွီ	eui

3.4 한국어 문법 ~ ၃.၄။ ကိုရီးယားသဒ္ဒါ

1. 문장형식 [munjanghyeongsik] ~ ၁။ ဝါကျဖွဲ့စည်းပုံ

1) 제1형식 : 주어+동사

၁) ဖွဲ့စည်းပုံ ၁ ။   ။ ကတ္တား+ကြိယာ

နာမ်ဝိဘတ်(이/가/은/는) (သည်/က/ကတော့) ကို အသုံးပြု၍ ကတ္တားတည်ဆောက်ပုံ

☞ 날씨가 좋아요.
　　(nalssiga joayo.)　　ရာသီဥတုသည် သာယာသည်။

☞ 사람이 좋아요.
　　(sarammi joayo.)　　လူသည် ကောင်းသည်။

သတိပြုရန် ။   ။ ချည်းနှင့်ဆုံးလျှင် (이) ကို အသုံးပြုပြီး သရနှင့်(가) ဆုံးလျှင် ကို အသုံးပြုသည်။

☞ 그는 의사입니다.
　　(guneun euisaimnida.)　　သူကတော့ ဆရာဝန်ဖြစ်သည်။

☞ 저는 철수입니다.
　　(jeoneun cheolsuimnida.)　　ကျွန်တော်ကတော့ ချော်ဆူဖြစ်ပါတယ်။

သတိပြုရန် ။   ။ ဗျည်းနှင့်ဆုံးလျှင် (은) ကို အသုံးပြုပြီး   သရနှင့်(는) ဆုံးလျှင် ကို အသုံးပြုသည်။

2) 제1형식 : 주어+ 동사

၂) ဖွဲ့.စည်းပုံ ၂။   ။ ကတ္တား + ကံ + ကြိယာ

→(을/를) (ကို) ကို အသုံးပြု၍ ကံကို တည်ဆောက်သည်။

☞ 저는 밥을 먹어요.
(jeoneun babeul meogeoyo.)   ကျွန်တော်ကတော့ ထမင်းကို စားတယ်။

☞ 저는 사과를 좋아해요.
(jeoneun sagwareul joahaeyo.)   ကျွန်တော်ကတော့ ပန်းသီးကို ကြိုက်တယ်။

과거시제 အတိတ်ကာလာပြ ကြိယာပုံစံ

	부정사 (ပင်ကိုယ်ကြိယာ)	변화과정 (ပြောင်းလဲပုံအဆင့်ဆင့်)
(아,오+았다)	가다	가 + 았다
	오다	오 + 았다
	놀다	놀 + 았다
	알다	알 + 았다
(이,우,위,의+었다)	읽다	읽 + 었다
	배우다	배우 + 었다
	쉬다	쉬 + 었다
	쓰다	쓰 + 었다
	외우다	외우 + 었다
	늦다	늦 + 었다
(하다 + 였다)	공부하다	공부하 + 였다
	요리하다	요리하 + 였다
	사랑하다	사랑하 + 였다

미래시제 အနာဂတ်ကာလပြ ကြိယာပုံစံ

	부정사 (ပင်ကိုယ်ကြိယာ)	변화과정 (ပြောင်းလဲပုံအဆင့်ဆင့်)
ဗျည်းနှင့်ဆုံးလျှင် (을 것이다)	읽다	읽 + 을것이다
	먹다	먹 + 을것이다
သရနှင့်ဆုံးလျှင် (ㄹ 것이다)	만나다	만나 + ㄹ 것이다
	가다	가 + ㄹ 것이다

현재시제 ပစ္စုပ္ပန်ကာလပြ ကြိယာပုံစံ

아/어/여요(구어) စကားပြောပုံစံ	부정사 (ပင်ကိုယ်ကြိယာ)	변화과정 (ပြောင်းလဲပုံအဆင့်ဆင့်)
(ㅏ, ㅗ + 아요)	사다	사 + 아요
	보다	보 + 아요
	가다	가 + 아요
	오다	오 + 아요
(ㅣ,ㅜ,ㅡ, ㅓ + 어요)	찢다	찢 + 어요
	크다	크 + 어요
	☞ 어렵다	어려우 + 어요
	☞ 듣다	들 + 어요
	배우다	배우 + 어요
	먹다	먹 + 어요
(하다 + 여요)	존경하다	존경하 + 여요
ㅂ니다/습니다 (문어) ဗျည်းနှင့်ဆုံးလျှင် 습니다, သရနှင့်ဆုံးလျှင် ㅂ니다	입다	입 + 습니다
	돕다	돕 + 습니다
	쓰다	쓰 + ㅂ니다
	운전하다	운전하 + ㅂ니다
	☞ 살다	사 + ㅂ니다

ပြုဆဲ၊ ဖြစ်ဆဲပြ ကြိယာသင်္ကာန် 현재진행

ကြိယာ + 고 있다	부정사 (ပင်ကိုယ်ကြိယာ)	변호과정 (ပြောင်းလဲပုံအဆင့်ဆင့်)	현재진행 (ပြုဆဲ၊ဖြစ်ဆဲပြ ကြိယာသင်္ကာန်)	뜻 (အဓိပ္ပါယ်)
	마시다	마시 + 고 있다	마시고 있다	သောက်နေသည်
	듣다	들 + 고 있다	듣고 있다	နားထောင်နေသည်
	자다	자 + 고 있다	자고 있다	အိပ်နေသည်

ပိုင်ဆိုင်ခြင်းပြ ဝိဘတ် 소유격조사

소유격조사 (ပိုင်ဆိုင်ခြင်းပြ ဝိဘတ်)	수 (ကိန်း)	소요격대명사 (ပိုင်ဆိုင်ခြင်းပြ နာမ်စား)	뜻 (အဓိပ္ပါယ်)
နာမ်စား + 의	단수 (ဧကပုဒ်ကိန်း)	나의 / 내 저의 / 제	ငါ၏ ကျွန်တော်၊ကျွန်မ၏
		너의 / 네 당신의	နင်၏ ခင်ဗျား၏
		그의	သူ၏
	복수 (ဗဟုပုဒ်ကိန်း)	우리의 저희의	ကျွန်ုပ်တို့၏ ကျွန်တော်တို့၏
		너희의 당신들의	နင်တို့၏ ခင်ဗျားတို့၏
		그들의	သူတို့၏

제 2 부

일상 어휘

နေ့စဉ်သုံး

ဝေါဟာရများ

제 2 부 일상 어휘
အပိုင်း (၂)　နေ့စဉ်သုံး ဝေါဟာရများ

제 1 과
가족관계
အခန်း (၁)
‡ မိသားစုဆက်နွယ်မှု ‡

미얀마어 단어	미얀마어 발음	한국어 단어	한국어 발음
အဖိုး	아포	할아버지	halrabeoji
အဖွား	아퐈	할머니	halmeoni
အဖေ/ဖေဖေ	아페/페페	아버지/아빠	abeoji/appa
အမေ/မေမေ	아메/메메	어머니/엄마	eomeoni/eoma
မိဘ	미바	부모	bumo
သား	따	아들	adeul
သမီး	따미	딸	tal
ညီအစ်ကို	니아꼬	형제	hyeongje

ညီအစ်မ	니아마	자매	jamae
အစ်ကို/ကိုကို	아끼/꼬꼬	형/오빠	hyeong/oppa
အစ်မ/မမ	아마/마마	누나/언니	nuna/onni
မောင်	마웅 (누나에세)	남동생	namdongsaeng
ညီမ	니마	여동생	yeodongsaeng
ညီ	니 (형에서)	남동생	namdongsaeng
နှမ	호나마(오빠에서)	여동생	yeodongsaeng
ခမည်းခမက်	카미카맥	사돈	sadon
ယောက္ခမ	야욱카마	시아버지/시어머니	siabeoji/sieomeoni
ဆွေမျိုး	쉐묘	친척	chincheog
အိမ်နီးချင်း	에니잉칭	이웃	iut
အဖိုးအဖွား	아포아퐈	조부모	jobumo
ဦးလေး	우레이	삼촌	samchon
အဒေါ်	아더	이모	imo
တူ	뚜	조카(남자)	jokha
တူမ	뚜마	조카 (여자)	jokha
ခဲအို၊ မတ်	케오,,맷	형부, 매부	hyeongbu/maebu
မရီး	마이	형수	hyeongsu

ယောင်းမ	야욱마	올케, 시누이	olke, sinui,
ယောက်ဖ	야욱파	처남	cheonam
မောင်နှမ	마웅흐나마	남매	nammae
သားမက်	따맥	사위	sawi
ချွေးမ	췌마	며느리	myeoneuri
မိန်းမ	메잉마	아내	anae
ယောကျ်ား	야욱짜	남편	nampheyong
အိမ်ရှင်မ	에잉싱마	주부	jubu
အိမ်ထောင်ဦးစီး	에잉타웅우지	주인	juin
တစ်ဝမ်းကွဲ	따원꿰	사촌	sachon
မြေးထီး	메이티	손자	sonja
မြေးမ	메이마	손녀	sonnyeo
ဘကြီး	바지	큰아버지	keunabeoji
ဘထွေး	바뒈	큰어머니	keunaeomeoni
ကလေး	카레이	아기	agi
အကြီးဆုံး	아찌쏘웅	장남	jangnam
လူကြီး	루지	장녀	jangnyeo
အငယ်ဆုံး	아애쏘웅	막내	magnae
ဦးလေးကြီး	우레이지	아저씨	ajeossi
အဒေါ်ကြီး	아도지	아주머니	ajumeoni

제 2 과
수사
သင်ခန်းစာ (၂)
ကိန်းဂဏန်း

A. 기수 : ဂဏန်းပြကိန်း;

한국어: Korean		미얀마어: Myanmar		
숫자	숫자이름	숫자	숫자이름	발음
0	영 (yeong) 공(gong)	၀	သုံးည	또온냐
1	일 (il)	၁	တစ်	띳
2	이 (i)	၂	နှစ်	흐닛
3	삼(sam)	၃	သုံး	또온
4	사(sa)	၄	လေး	레
5	오(o)	၅	ငါး	응아
6	육(yug)	၆	ခြောက်	차욱
7	칠(chil)	၇	ခုနှစ်	쿤닛
8	팔(chil)	၈	ရှစ်	싯
9	구(gu)	၉	ကိုး	꼬
10	십(sib)	၁၀	တစ်ဆယ်	따새
11	십일(sib-il)	၁၁	ဆယ့်တစ်	샛띳
12	십이(sib-i)	၁၂	ဆယ့်နှစ်	샛닛

13	십삼[sibsam]	၁၃	ဆယ့်သုံး	샛또온
14	십사[sibsa]	၁၄	ဆယ့်လေး	샛레
15	십오[sib'o]	၁၅	ဆယ့်ငါး	샛응아
16	십육[sibyuk]	၁၆	ဆယ့်ခြောက်	샛차욱
17	십칠[sibchil]	၁၇	ဆယ့်ခုနှစ်	샛쿤
18	십팔[sibpal]	၁၈	ဆယ့်ရှစ်	샛싯
19	십구[sibgu]	၁၉	ဆယ့်ကိုး	샛꼬
20	이십[isib]	၂၀	နှစ်ဆယ်	흐나새
30	삼십[samsib]	၃၀	သုံးဆယ်	또온새
40	사십[sasib]	၄၀	လေးဆယ်	네새
50	오십[osib]	၅၀	ငါးဆယ်	응아새
60	육십[yuksib]	၆၀	ခြောက်ဆယ်	차욱새
70	칠십[chiksib]	၇၀	ခုနှစ်ဆယ်	쿤닛새
80	팔십[palsib]	၈၀	ရှစ်ဆယ်	싯새
90	구십[gusib]	၉၀	ကိုးဆယ်	꼬새
100	백[baek]	၁၀၀	တစ်ရာ	따야
1,000	천[cheon]	၁၀၀၀	တစ်ထောင်	따타웅
10,000	만[man]	၁၀၀၀၀	တစ်သောင်း	따따운
100,000	십만[sibman]	၁၀၀၀၀၀	တစ်သိန်း	따떼인
1,000,000	백만[baekman]	၁၀၀၀၀၀၀	တစ်သန်း	따딴
10,000,000	천만 [cheon man]	၁၀၀၀၀၀၀၀	ဆယ်သန်း/တစ်ကုဋေ	새딴/다가데
100,000,000	일억[il org]	၁၀၀၀၀၀၀၀၀	သန်းတစ်ရာ/ဆယ်ကုဋေ	땅띠야/새가데
1,000,000,000	십억[shib org]	၁၀၀၀၀၀၀၀၀၀	သန်းတစ်ထောင်/ကုဋေတစ်ရာ	땅따타웅/가데따야

B. 서수 : အစဉ်ပြကိန်

한국어: Korean		미얀마어: Myanmar	
한국어	발음	미얀마어	발음
첫째	[cheotjjae]	ပထမ	빠타마
둘째	[duljjae]	ဒုတိယ	두띠야
셋째	[setjjae]	တတိယ	따띠야
넷째	[netjjae]	စတုတ္ထ	사둑타
다섯째	[daseotjjae]	ပဉ္စမ	뻰싸마
여섯째	[yeoseotjjae]	ဆဋ္ဌမ	쌋타마
일곱째	[ilgobjjae]	သတ္တမ	땃따마
여덟째	[yeodeoljjae]	အဋ္ဌမ	앗타마
아홉째	[ahobjjae]	နဝမ	나와마
열번째	[yeoljjae]	ဒသမ	닷따마

한국어: Korean		미얀마어: Myanmar	
한국어	발음	미얀마어	발음
첫째	[cheotjjae]	ပထမ	빠타마
둘째	[duljjae]	ဒုတိယ	두띠야
셋째	[setjjae]	တတိယ	따떳야
넷째	[netjjae]	စတုတ္ထ	사독타
다섯째	[daseotjjae]	ပဥ္စမ	뻰싸마
여섯째	[yeoseotjjae]	ဆဋ္ဌမ	쌋타마
일곱째	[ilgobjjae]	သတ္တမ	땃따마
여덟째	[yeodeoljjae]	အဋ္ဌမ	앗타마
아홉째	[ahobjjae]	နဝမ	나와마
열번째	[yeoljjae]	ဒသမ	닷따마

C. (시각과 시) အချိန်နှင့်နာရီ
I. 시간단위 : အချိန်ပြယူနစ်

Myanmar : 미얀마어		한국어: Korean	
단어	발음	단어	발음
အချိန် / နာရီ	아체인 / 나이	시간	sigan
စက္ကန့်.	색까안	초	cho
မိနစ်	미닛	분	bun
နာရီ	나이	시	si

II. 시간표현 : အချိန်ဖော်ပြရ

시간	한국어	미얀마어	발음
1:00 a.m.	아침 한시 [achim hansi]	မနက်တစ်နာရီ	마넥 떳 나이
6:45 a.m.	아침 여섯시 사십오분 [achim yeoseotsi sashiobun]	မနက် ခုနစ်နာရီမတ်တင်း /ခြောက်နာရီလေးဆယ်.ငါး	마넥 쿤닛 나이 맥먼/ 차욱 나이 레잿웅아 미닛
9:30 a.m	오전 아홉시 삼십분[ojeon ahobsi samsibbun]	မနက် ကိုးနာရီခွဲ	마넥 꼬 나이 퀘
12:00 noon	정오([jeong'o]	မွန်းတည့်.	뭉때제잉

3:20 p.m.	오후 세시 이십분[ohu sesi isibbun]	ညနေသုံးနာရီ ၆နစ်နစ်ဆယ်	냐네이 또온 나이 닛 미닛 호나새
6:50 p.m.	저녁 6시 오십분[jeonyeok yroseotsi osibbun]	ညနေခြောက်နာရီ ငါးဆယ်၆နစ် / ညနေ ခြောက်နာရီ ၆နစ်ငါးဆယ်	냐네이 차욱나이 웅아재미닛 / 냐네이 차우나이 미닛 웅아재
12:00 p.m.	자정 [jajeong]	ညသန်းခေါင်	냐다가웅

C. 계절표현 : ရာသီဥတု ဝေါဟာရ

미얀마어:Myanmar		한국어: Korean	
단어	발음	단어	발음
ရာသီဥတု	야디우뜨	계절	gyejeol
နွေဦးရာသီ	눼우야디	봄	bom
နွေရာသီ	눼야디	여름	yeoreum
ဆောင်းဦးရာသီ	싸우야디	가을	ga-eul
ဆောင်းရာသီ	싸우야디	겨울	gyeo-ul
မိုးရာသီ	모야디	우기	ugi

D. 시제 표현 : ကာလပြ ဝေါဟာရ

미얀마어:Myanmar		한국어: Korean	
단어	발음	단어	발음
နေ့၊ ရက်	네잇/앳	일/날	il/nal
ယနေ့၊ အခု	야네잇/아쿠	오늘/지금	oneul/jigeum
မနေ့က	마네까	어제	eoje
မနက်ဖြန်	마낵퐌	내일	naeil
မနက်	마낵	아침/오전	achim/ojeon
နေ့လည် /မွန်းတည့်.ချိန်	네이래 / 뭉때제잉	점심/정오	jeomsim/jeong'o
ညနေပိုင်း	냐내이빠잉	오후	ohu
ညနေ / ည	냐내이/냐	저녁/밤	jeonyeok/bam
တစ်နေ့က	따네이가	그저께	geujeokke
သဘက်ခါ	다백카	모레	more
နေ့တိုင်း	네이다잉	매일	maeil
ညသန်းခေါင်	냐다가웅	자정	jajeong
လ	라	달/월	dal/wol
ခုနှစ်/ နှစ်	쿠호닛/호닛	년/해	nyeon/hae
ဆယ်နှစ်	새호닛	십년	simnyeon
ရာစုနှစ်	야주호닛	세기	segi

E. 주, 요일 표현 : ရက်သတ္တပါတ် နှင့် နေ့ရက်ပေါဟာရ

미얀마어:Myanmar		한국어: Korean	
단어	발음	단어	발음
ရက်သတ္တပါတ်	액다따빳	주	ju
တနင်္လာနေ့	따닌라네이	월요일	wolyo'il
အင်္ဂါနေ့	잉가네이	화요일	hoayo'il
ဗုဒ္ဓဟူးနေ့	보웃다후네이	수요일	suyo'il
ကြာသာပတေးနေ့	짜다바데네이	목요일	mogyo'il
သောကြာနေ့	따옥짜네이	금요일	geumyo'il
စနေနေ့	싸네네이	토요일	toyo'il
တနင်္ဂနွေနေ့	따닝가네네이	일요일	ilyo'il
ဒီအပတ်တနင်္ဂနွေနေ့	디아빳 따닝가네네	이번 일요일	ibeon ilyo'il
အရင်အပတ်သောကြာနေ့	아잉아빳 따옥짜네	지난 금요일	jinan geumyo'il
ဒီအပတ်	디아빳	이번 주	ibeon ju
အရင်အပတ်	아잉아빳	지난 주	jinan ju
နောက်တစ်ပတ် / ရှေ့အပတ်	나욱아빳/ 샛아빳	다음 주	da-eum ju
တစ်ပတ်	다빳	일주일	ilju'il
ပထမအပတ်	빠타마 아빳	첫째 주	cheotjjae ju
နောက်ဆုံးအပတ်	나욱쓰웅아빳	마지막 주	majimak ju
အပတ်တိုင်း	아빳다잉	매 주	mae ju

비고 : 요일의 "따닝라네이, 잉가네이" 등에 "네이"를 생략해서 말할 수 있다.

F. 월: လ

I. 태양력 : အင်္ဂလိပ်ပြက္ခဒိန်လ

미얀마어:Myanmar		한국어: Korean	
단어	발음	단어	발음
ဇန်နဝါရီလ	장나와리라	일월	ilwol
ဖေဖော်ဝါရီလ	페포와리라	이월	iwol
မတ်လ	맛라	삼월	samwol
ဧပြီလ	에삐라	사월	sawol
မေလ	메라	오월	owol
ဇွန်လ	중라	유월	yukwol
ဇူလိုင်လ	추라잉라	칠월	chilwol
သြဂုတ်လ	오고웃라	팔월	palwol
စက်တင်ဘာလ	쌕땡바라	구월	guwol
အောက်တိုဘာလ	아욱또바라	십월	sibwol
နိုဝင်ဘာလ	노윙바라	십일월	sibilwol
ဒီဇင်ဘာလ	디징바라	십이월	sibiwol

II. 미얀마력 : မြန်မာပြက္ခဒိန်လ

미얀마어:Myanmar

단어		발음
일월	တန်ခူးလ	다구라
이월	ကဆုန်လ	까쏜라
삼월	နယုန်လ	나윤라
사월	ဝါဆိုလ	와조라
오월	ဝါခေါင်လ	와가옹라
유월	တော်သလင်းလ	또달링라
칠월	သီတင်းကျွတ်လ	다딩쭛라
팔월	တန်ဆောင်မုန်းလ	다자옹몬라
구월	နတ်တော်လ	나도라
십월	ပြာသိုလ	빠도라
십일월	တပို့တွဲလ	다보뛔라
십이월	တပေါင်းလ	다바웅라

비고 :월 을 의미하는 ' လ ' 를 생략해서 တန်ခူး ၊ ကဆုန် ၊ နယုန် ၊ ဝါဆို 라고 할 수 있다.

G. 일,월,년 : ရက် ၊ လ ၊ နှစ်

미얀마어:Myanmar		한국어: Korean	
단어	발음	단어	발음
နောက်နှစ်	나웅호닛	내년	naenyeon
မနှစ် / အရင်နှစ်	마호닛 / 아인호닛	작년	jaknyeon
လွန်ခဲ့တဲ့ တစ်နှစ်က	룬캣댓 따호닛까	일 년 전	ilnyeonjeon
လွန်ခဲ့တဲ့ သုံးနှစ်က	룽개댓 또웅호닛까	삼 년 전	samnyeonjeon
တစ်နှစ်ကြာပြီးနောက်	따호닛찌삐나옥	이 년 후	inyeonhu
တစ်နေ့	따넷	하루	haru
နှစ်ရက်	호나얫	이틀	iteul
နေ့တိုင်း	네다잉	매일	mae'il
လေးလ	레라	네 달/4개월	nedal/sagaewol
ငါးလ	호아라	다섯 달/5개월	daseotdal /ogaewol
လတိုင်း	라다잉	매월	maewol
နှစ်သစ်	호닛떳	신년	chilnyeon
ဒီနှစ်	디호닛	금년	palnyeon
နှစ်တိုင်း	호닛다잉	매년	maenyeon

제 3 과
색깔
သင်ခန်းစာ (၃) အရောင်

미얀마어:Myanmar		한국어:Korean	
단어	발음	단어	발음
အနီရောင်	아니야웅	빨간색	bbalgan saeg
အဖြူရောင်	아퓨야웅	하얀색	hayan saeg
မိုးပြာရောင်	모뱌야웅	하늘색	haneul saeg
အပြာရောင်	아쀼야웅	파란색	paran saeg
အစိမ်းရောင်	아쎄인야웅	초록색	chorog saeg
အနက်ရောင်	아낵야웅	검정색	geomjeong saeg
ပန်းရောင်	빤야웅	분홍색	bunhong saeg
အညိုရောင်	아뇨야웅	갈색	gal saeg
မီးခိုးရောင်	미고야웅	회색	hoe saeg
အဝါရောင်	아와야웅	노란 색	noran saeg
မဲနယ်ရောင်	메내야웅	남색	nam saeg
ကြက်သွေးရောင်	쩩뛔야웅	주황색	juhwang saeg
စိမ်းဝါရောင်	쎄인와야웅	연두색	yeondu saeg
အရောင်တောက်	아야웅따욱	밝은 색	balgeun saeg
အရောင်နု	아야웅누	연한 색	yeonhan saeg
လိမ္မော်ရောင်	레잉모야웅	오렌지색	oranji saeg

အရောင်ရင့်	아야웅잉	짙은 색	jihteun saeg
ထုံးခြောက်ရောင်	톤차옥야웅	베이지 색	beji saeg
ဆင်စွယ်ရောင်	싱챼야웅	상아색	sangi saeg

제 4 과
방향
သင်ခန်းစာ (၄) အရပ်မျက်နှာ

미얀마어:Myanmar		한국어: Korean	
단어	발음	단어	발음
အရှေ့အရပ်	아셰아액	동쪽	dongjjog
အနောက်အရပ်	아나욱아액	서쪽	seojjog
တောင်အရပ်	따웅아액	남쪽	namjjog
မြောက်အရပ်	먀욱아액	북쪽	bugjjog
အပေါ် / အထက်	아뽀 / 아택	위	wi
အောက်	아욱	아래, 밑	arae, mit
ရှေ့	셰	앞	ap
နောက်	나욱	뒤	dwi
ညာ / လက်ယာ	냐 / 랙야	오른쪽 / 우측	oreunjjog
ဘယ် / လက်ဝဲ	배 / 랙왜	왼쪽 / 좌측	oenjjog
ဘေး	베이	옆	yeop

ဘေး	베이	옆	yeop
အထဲ	아테	안	an
အပေါ်	아뽀	밖	bakk
အလယ်	알래	중앙	jung'ang
ကြား	자아	사이	sai
တည့်တည့်	때댓	똑바로	ddogbaro
အရှေ့တောင်	아셰따웅	동남	dongnam
အနောက်မြောက်	아나욱먀욱	서북	seobug

제 5 과
측정단위
သင်ခန်းစာ (၅) အတိုင်းအတာယူနစ်

미얀마어:Myanmar		한국어: Korean	
단어	발음	단어	발음
အလျား / အရှည်	알래/아새이	길이	gil'i
အကျယ်	아째	넓이	neolb'i
အနက်	아네	깊이	kipi
အမြင့်	아밍	높이	nop'i
အလေး	아레이	무게	muge
ပိုက်ဆံ	빠잉산	화폐	hwapye
ဒေါ်လာ	더라	달러	dalleo
ငွေ	옹웨	돈	don
ဒီဂရီ	디가리	도	do
အပူချိန်	아뿌재잉	온도	ondo
မီလီမီတာ	미리미따	밀리미터	millimiteo
စင်တီမီတာ	세띠미따	센티미터	sentimiteo
မီတာ	미따	미터	miteo

မီတာ	미따	미터	miteo
ကီလိုမီတာ	끼로미따	킬로미터	kilomiteo
မိုင်	마이	마일	mail
ပေ	뻬이	피트	piteu
လီတာ	리따	리터	riteo
ဂရမ်	가람	그램	geuraem
ကီလို	끼로	키로	kiro
တန်	딴	톤	ton
စိုထိုင်းဆ	쏘타잉사	습도	seupdo
သုံညအထက်တစ်ဒီဂရီ	또웅냐아택 떳디가리	영상 1도	yeongsang ildo
သုံညအောက် နှစ်ဒီဂရီ	또웅냐아욱 흐넛디가리	영하 2도	yeongha ido
ပေါင်	뻬웅	파운드	paundeu
တစ်ဝက်	따와액	반	ban
ဂါလံ	가란	갤론	gallon
တန်ဖိုး	딴포	가격	gagyeog
ဈေးနှုန်း	세이흐논	값	gap

제 6 과
신체
သင်ခန်းစာ (၆) ခန္ဓာကိုယ်အစိတ်အပိုင်း

미얀마어		한국어	
단어	발음	단어	발음
ခေါင်း	가웅	머리	meori
ဆံပင်	자빙	머리카락	meorizarag
မျက်လုံး	미액롱	눈	nun
နား	나	귀	gwi
ပါးစပ်	바잡	입	ib
နှာခမ်း	흐나칸	입술	ipsul
နှာခေါင်း	흐나카웅	코	kho
သွား	뚜아	이	i
လျှာ	샤	혀	hyeo
လည်ပင်း	래빙	목	mog
ပခုံး	빠코웅	어깨	eokae
ရင်ဘတ်	잉밧	가슴	gaseum
လက်	랙	손	son
လက်မောင်း	랙마운	팔	phal
လက်ချောင်း	랙차운	손가락	songarag
လက်ကောက်ဝတ်	랙까옥윗	손목	sonmog
ခြေထောက်	체다욱	다리	dari
ခြေဖဝါး	체파와	발바닥	balbadag

ခြေချောင်း	체차운	발가락	balgarag
ခြေကျင်းဝတ်	체진윗	발목	balmog
အရိုး	아요	뼈	pyeo
ကျောရိုး	쩌요	등뼈	deungpyeo
ကျော	쩌	등	deung
ခါး	카	허리	heori
သွေး	뚜웨	피	phi
ဗိုက်	바익	배	bae
အစာအိမ်	이싸애잉	위	wi
အူမ	우마	대장	daejang
အဆုတ်	아쏘옷	폐	pye
နှလုံး	호나론	심장	simjang
အသည်း	아떼	간	gan
ဒူး	두	무릎	mureup
မျက်နှာ	맥나	얼굴	eolgul
လက်မ	랙마	엄지손가락	eomjisongarag
လက်ညှိုး	랙호뇨	집게손가락	zipgesongarag
လက်ခလယ်	랙카래	가운뎃손가락	gaundaesongarag
လက်သူကြွယ်	랙다쨰	넷째손가락	naejaesongarag
လက်သန်း	랙딴	새끼손가락	saekisongarage

제 7 과
병명과 의학
သင်ခန်းစာ (၇) ရောဂါအမည်နှင့် ဆေးပညာ

미얀마어		Korean	
단어	발음	Salita	Bigkas
ရောဂါ	여가	병	byeong
အအေးမိခြင်း	아에미징	감기	gamgi
ချောင်းဆိုးခြင်း	차웅쏘징	기침	gichim
အဖျား	아퍄	열	yeol
ကိုယ်လက်ကိုက်ခဲခြင်း	꼬랙까익칭	몸살	momsal
ခေါင်းကိုက်ခြင်း	가웅까익칭	두통	dutong
အစာအိမ်နာခြင်း	아싸에잉나칭	위통	wihtong
ဝမ်းလျှောခြင်း	완셔칭	설사	seolsa
နှလုံးရောဂါ	호나로웅여가	심장병	simjangbyeong
အစာမကြေခြင်း	아싸마쩨칭	소화불량	sohwabullyang
အသည်းရောဂါ	아때여가	간염	ganyeom
အဆစ်ယောင်ရောဂါ	아싯야웅여가	관절염	gwanjeolyeom
ကင်ဆာ	낑싸	암	am

သွေးတိုး	뚜웨도	고혈압	gohyeol'ap
တီဘီ	띠비	결핵	gyeolhaeg
အရေပြားရောဂါ	아예뱌여가	피부병	pibubyeong
ဆီးချိုရောဂါ	시죠여가	당뇨병	dangnyobyeong
စိတ္တဇရောဂါ	쎄잇다자여가	정신병	jeongsinbyeong
ကိုယ်ဝန်	꼬원	임신	imsin
မီးလောင်ဒက်ရာ	밀라옹단야	화상	hwasang
မတော်တဆမှု	마떠따삿호문	사고	sago
အပူချိန်	아뿌재인	체온	che'on
သွေးအမျိုးအစား	뛔아묘아사	혈액형	hyeolaekhyeong
ဒက်ရာ	단야	상처	sangcheo
ဆေး	세이	약	yag
အပျင်းဖျား	아뼁퍄	중병	jungbyeong
ဆေးရုံ	세이운	병원	byeongwon
ဆေးဆိုင်	세이자잉	약국	yaggug
လူနာ	루나	환자	hwanja
အကြိတ်	아짜잇	종양	jongyang

သူနာပြု	뚜나쀼으	간호사	ganhosa
ဆရာဝန်	사야원	의사	uisa
ဆေးစစ်ခြင်း	새쎗칭	진찰	jinchal
ဆေးစာ	세이사	처방	cheobang
ဆေးရည်	세이애	물약	mulyag
ဆေးပြား	세이뱌	알약	alyag
ကုသမှု	꾸따호무	치료	chilyo
ငှက်ဖျား	홍액꺄	말라리아	mallalia
ဆေးထိုးအပ်	세이토앗	주사	jusa
ခွဲစိတ်ခြင်း	쿠웨세잇칭	수술	susul
ဆေးမှုန့်	세호몬	가루약	garuyag
အဖျားပျောက်ဆေး	아퍄빠옥세이	감기약	gamgiyag
ခါင်းကိုက်ပျောက်ဆေး	가웅까익빠옥세이	두통약	duhtongyag
ဂမ်းနှုတ်ဆေး	웡호나세	변비약	byeonbiyag
အကိုက်အခဲပျောက်ဆေး	아까익아케빠웅세	진통제	jintongje
သန္ဓေတားဆေး	다데따세	피임약	pi-imyag
အိပ်ဆေး	에잇세	수면제	sumyeonje
ဗီတာမင်	비따민	비타민	bitamin
အားဆေး	아세이	보약	boyag
အစာအိမ်ဆေး	아싸에잉세이	위장약	wijangyag
အစာကြေဆေး	아싸쩨세이	소화제	sohwaje
အစာမစားမီ	아사마싸미	식전	sigjeon
အစာစားပြီး	아사싸삐	식후	sighu
တစ်နေ့ သုံးကြိမ်	따네 또옹재잉	하루 세 번	haru sebeon
ဆေးရုံတက်ခြင်း	세이욘땍칭	입원	ibwon
ဆေးရုံဆင်းခြင်း	세이욘싱칭	퇴원	htoewon

제 8 과
교통과 장소
သင်ခန်းစာ (၈) ယာဉ်ကြောနှင့် နေရာ

미얀마어		한국어	
단어	발음	단어	발음
စာတိုက်	싸다익	우체국	uchegug
ဘဏ်	바안	은행	eunhaeng
ဆေးရုံ	세이욘	병원	byeongwon
ကျောင်း	짜웅	학교	hagkyo
ဈေး	제이	시장	sijang
တက္ကသိုလ်	따까또	대학교	daehagkyo
ပန်းခြံ	빤찬	공원	gongwon
ဓာတ်ဆီဆိုင်	닷시사잉	주유소	juyuso
ဘတ်(စ်)ကား	밧싸까	버스	beoseu
တက်(စ်)ဆီ	땍까씨	택시	htaegsi
စက်ဘီး	쌕베잉	자전거	jajeongeo
မြေအောက်ရထား ဘူတာရုံ	메아욱야타부다용	지하철 역	jigacheol yeog
မြင်းလှည်း	밍호레	마차	macha
ဘတ်(စ်)ကားမှတ်တိုင်	밧싸까호맛따잉	버스 정류장	beoseu jeongryujang

တရားရုံး	따야욘	법원	beobwon
ရဲစခန်း	예사칸	경찰서	gyeongchalseo
မြို့တော်ခန်းမ	묘더칸마	시청	sicheong
ရပ်ကွက်ရုံး	액쾍욘	동사무소	dongsamuso
စူပါမားကတ်	수빠마껫	슈퍼마켓	syupheomaket
ဆိုင်ကယ်	싸이깨	오토바이	ohtobai
လေယာဉ်ပျံ	레잉빤	비행기	bihaenggi
လေဆိပ်	레세잇	공항	gonghang
ဘူတာရုံ	부다욘	역	yeog
အဝေးပြေးကားဂိတ်	아웨빼까게잇	고속버스 터미널	gosokbeoseu hteominal
မြို့ပြင်ဘတ်(စ်)ကားဂိတ်	묘쁜밧싸까게잇	시외버스 터미널	sioebeoseu hteominal
သင်္ဘော	뜽버	배	bae
အခွန်ရုံး	아쿤욘	세무서	semuseo
အကောက်ခွန်ဌာန	아까욱쿤타나	세관	segwan
အသံလွှင့်ရုံ	아땅쐐욘	방송국	bangsongguk
သတင်းစာတိုက်	다딩자따익	신문사	sinmunsa
ဟိုတယ်	허태	호텔	hohtel
မိုတယ်	모때	모텔	mohtel
ဘုရားကျောင်း	파야찌웅	교회	gyohoe

ပြဇာတ်ရုံ	빠잿요웅	극장	geugjang
မိဘမဲ့ကျောင်း	미바맥찌웅	고아원	go'awon
ကုမ္ပဏီ	꼬웅빠니	회사	hwesa
သံရုံး	딴요웅	대사관	daesagwan
အားကစားကွင်း	아가자쩡	운동장	undongjang
မူကြိုကျောင်း	무조찌웅	유치원	yuchiwon
မူလတန်းကျောင်း	무라단짜웅	초등학교	chodeunghakgyo
အလယ်တန်းကျောင်း	아래단짜웅	중학교	junghakkyo
အထက်တန်းကျောင်း	아택딴짜웅	고등학교	godeunghakkyo
အာမခံကုမ္ပဏီ	아미칸꼰마니	보험사	boheomsa
စာအုပ်ဆိုင်	사옥싸인	서점	seojeom
အကျႌဆိုင်	인지싸인	옷 가게	ot gage
ဆိုင် ၊ ကန်တင်း	사인,간땡	가게, 매점	gage, maejeom
စားသောက်ဆိုင်	사따옥싸인	식당	siktang
ပြေစာ	뻬이자	계산서	gyesanseo
ပန်းဆိုင်	뻰싸인	꽃집	kntjih
အလှပြင်ဆိုင်	호라뻰싸인	미용실	miyongsil
အလှကုန်ပစ္စည်းဆိုင်	아흘라꼰뼷씨사인	화장품 가게	hwajangpum gage

제 9 과
생활용품
သင်ခန်းစာ(၉) နေ့စဉ်သုံးပစ္စည်းများ

A. 식료품 : စားသောက်ကုန်ပစ္စည်းများ

미얀마어		한국어	
단어	발음	단어	발음
မနက်စာ	마넥사	아침 밥	achim bab
နေ့လယ်စာ	네래사	점심 밥	jeomsim bab
ညစာ	냐사	저녁 밥	jeonyeok bab
အရံဟင်း	아야잉힝	반찬	banchan
ဟင်း	힝	음식	eumsig
မီနူး	미뉴	메뉴	menyu
ထမင်း	타민	밥	bab
စွပ်ပြုတ်	스뽀옥	국	gug
ဆန်	싼	쌀	ssal
ဆီ	씨	기름	gireum
ဆား	싸	소금	sogeum
သကြား	다자	설탕	seolhtang

ငရုတ်သီး	응아요옷띠	고추	gochoo
ငရုတ်ကောင်း	응아요옷까웅	후추	huchu
ငါးဆားနယ်	응앙싸내	멸치젓	myeolchijeot
ငံပြာရည်	응안빠애이	간장	ganjang
ပေါင်မုန့်	빠웅모옷	빵	bbang
ခေါက်ဆွဲ	카욱쉐	면	myeon
အသား	아따	고기	gogi
အမဲသား	아매따	소고기	sogogi
ဝက်သား	왝따	돼지고기	dwaejigogi
ကြက်သား	쩩따	닭고기	daggogi
ဝက်အူချောင်း	왝우자웅	소시지	sosiji
ငါး	응아	생선	saengseon
ငါးအစိမ်း	응아아세잉	회	hoe
ကြက်ဥ	쩩우	계란	gyeran
ဟင်းသီးဟင်းရွက်	힝디힝유왝	야채	yachae
ခရမ်းချဉ်သီး	카양징디	토마토	htomahto
ကန်စွန်းဥ	가중우	고구마	goguma
အာလူး	아루	감자	gamja
ကြက်သွန်နီ	쩩뚠니	양파	yangpha
မုန်လာဥ	모웅나우	무	mu

ကြက်သွန်ဖြူ	쨋뚜웅퓨	마늘	maneul
ဆလပ်ရွက်	살랏유액	상추	sangchoo
မြေပဲ	메뻬	땅콩	ddangkong
သစ်သီး	떡띠	과일	gwail
စပျစ်သီး	자빗디	포도	podo
ပန်းသီး	빵디	사과	sagwa
သစ်တော်သီး	떳또띠	배	bae
မုန်လာဥပ်	모웅라토옥	배추	baechoo
ဖရဲသီး	파얘띠	수박	subag
ငှက်ပျောသီး	웅아뼤띠	바나나	banana
လိမ္မော်သီး	레잉머띠	오렌지	orenji
အရက်၊ ဝိုင်	아애액/와잉	술, 포도주	sul, podoju
ဝီစကီ	위사끼	위스키	wiseukhi
ဘီယာ	비야	맥주	maegju
အချိုရည်	아초예	쥬스	jyuseu
နွားနို့	놔놋	우유	uyu
ကော်ဖီ	꺼피	커피	kheophi
ယို	요	잼	jam
ပန်းကန်လုံး	바간롱	그릇	geureut

တူ	뚜	젓가락	jeoygarag
ဇွန်း	중	숟가락	sutgarak
လျှပ်စစ်ပေါင်းအိုး	흘리쎗빠옹오	전기밥솥	jeongibabsot
ဂတ်(စ်)မီးဖို	가스미보	가스렌지	gasrenji
မီးဖိုချောင်	미포자옹	부엌	bueok
မီးဖိုချောင်သုံးပစ္စည်း	미포자옹·또옹·뻿씨	부엌용품	bueokyongphum
ဂင်ချီ	낌치	김치	gimchi
တိုဟူး	또후	두부	dubu
သုံးထပ်သား	또옹택따	삼겹살	samgyeobsal
ကြက်ပေါင်း	쩩빠옹	삼계탕	samgyetang
ရေခဲသုပ်	예개또웃	팥빙수	phatbingsu
ဆန်မုန့်.	산모옥	떡	teog
ကိုရီးယားအစားအစာ	꼬리야 아사아싸	한식	hansig
ဥရောပအစားအစာ	우요빠 아사아싸	양식	yangsig
ဂျပန်အစားအစာ	자빵 아사아싸	일식	ilsig
တရုတ်အစားအစာ	따요웃 아사아싸	중식	jungsig

အရသာရှိတယ်	아야다시대	맛있다	masitta
အရသာမရှိဘူး	아야다마시부	맛없다	mateobta
စပ်တယ်	쌑대	맵다	maebta
ငံတယ်	웅앙대	짜다	jada
ချိုတယ်	초대	달다	dalda
ချဉ်တယ်	칭대	쓰다	sseuda
ပေါ့တယ်	뻿대	싱겁다	singgeobta
စားဖိုမှူး	싸포무	요리사	yorisa
ပန်းကန်ဆေးခြင်း	바간쎄칭	설거지	seolgeoji
ဓါး	다	칼	khal
စဉ်းနီတုံး	씽니동	도마	doma
ကတ်ကြေး	깟찌	가위	gawi
အိုး	오	냄비	naembi
ဒယ်အိုး	대오	후라이팬	huraiphaen
ခရင်း	카잉	포크	pokheu
ပန်းကန်ပြား	바간뱌	접시	jeobsi
ယောက်ချို	야욱초	국자	gugja
ယောင်းမ	야옹마	주걱	jugeog
ပြုတ်တယ်	뵤옷대	삶아요	salmayo
ကြော်တယ်	쩌대	볶아요	bokkayo
ကြော်တယ်	조대	튀겨요	twigyeoyo
ပြုတ်တယ်	빠웅대	끓여요	kkeulyeoyo

လက်ဆေးကန်	랙쎄이간	싱크대	singkeudae
ကြိတ်စက်	째익색	믹서기	mikseogi
ရော်ဘာလက်အိတ်	라바랙애잇	고무장갑	gomujanggab
လက်နီးစုတ်	렛흐니소옥	행주	heng chu
ဖေါက်တံ	파옥딴	병따개	byeongtagae
ပန်ကာ	빤까	선풍기	seonphunggi
ယပ်တောင်	얏따웅	부채	buchae
ရေနွေးအိုး	예눼오	주전자	jujeonja
အမှိုက်ပုံး	아호마익뽕	휴지통	hyujihtong
ဘေစင်	볘진	대야	daeya
စားပွဲ	자볘	식탁	sightag
ခြင်း	칭	바구니	baguni
ဖုန်စုပ်စက်	폰소옥색	청소기	chongsogi
တံမြက်စည်း	다백시	빗자루	bijaru

B. 일상용품 : အသုံးအဆောင် ပစ္စည်းများ

미얀마어		Korean	
단어	발음	단어	발음
အဝတ်ဘီဒို	아웟비도	옷장	otjang
ကုတင်	가딩	침대	chimdae
အိပ်ရာခင်း(စောင်ပါး)	에이야킹(사용빠)	담요	damyo
စောင်	사웅	이불	ibul
တီဗွီ	띠비	텔레비젼	telebijyeon
ခန်းဆီး	캉지	커튼	kheohteun
ဆိုဖာ	소파	소파	sopha
အကျႌ	인지	옷	ot
ညဝတ်အကျႌ	냐웟인지	잠옷	jamot
ထီး	티	우산	usan
ဘောင်းဘီ	바웅비	바지	baji
ဂျင်းဘောင်းဘီ	징바웅비	청바지	cheongbaji
လက်ကိုင်ပဝါ	랙까잉빠와	손수건	sonsugeon
မျက်နှာသုတ်ပဝါ	미액흐나또웃빠와	수건	sugeon
အမှတ်တရပစ္စည်း	아흐맛따야뻿씨	기념품	ginyeompum

လက်ဆောင်	랙싸옹	선물	seonmul
ဖိနပ်မြင့်, ဖိနပ်ပါး	파납미잉, 파납빠	구두, 신발	gudu, sinbal
အားကစားဖိနပ်	아가자파납	운동화	undonghwa
ခြေအိတ်	체애잇	양말	yangmal
ဖုန်း	폰	전화기	jeonhwagi
လက်ကိုင်ဖုံး	랙까잉폰	핸드폰	handphon
ကုလားထိုင်	깔라타잉	의자	uija
စာကြည့်စားပွဲ	사찌자뻬	책상	chaegsang
အသားကပ်ခြေအိတ်	아따깝치애잇	스타킹	seutakhing
ဦးထုပ်	옷툽	모자	moja
ရေမွှေး	얘호뛔	향수	hyangsu
ခေါင်းအုံး	가웅온	베개	begae
မှန်	호만	거울	geo'ul
သွားတိုက်ဆေး	뚜와따익세이	치약	chiyag
သွားတိုက်တံ	뙤따익딴	칫솔	chitsol
ဆေးလိပ်	세레입	담배	dambae
မီးခြစ်	미찟	라이터	raihteo
မျက်မှန်	매액호만	안경	angyeong

ကင်မရာ	깡마라	카메라(사진기)	kamera(sajingi)
ဖလင်	파링	필름	pilreum
ဓါတ်ပုံ	닷뽓	사진	sajin
ကား	까	자동차	jadongcha
ကားဂိုဒေါင်	까고다웅	차고	chago
ကားရပ်နားရန်နေရာ	까얫나얀네야	주차장	juchajang
ကြွေထည်	쯔웨대	도자기	dojagi
နာရီ	나이	시계	sigye
ရေခဲသေတ္တာ	예게떳따	냉장고	naengjanggo
အဝတ်လျှော်စက်	아우엇쇼잭	세탁기	sehtaggi
လျှပ်စစ်ပစ္စည်း	휼럅쎗뻿씨	전자제품	jeonjajephum
အဲယားကွန်း	레에뻬잭	에어컨	e'eokeon
စာအုပ်	사옥	책	chaek
ဖောင်တိန်	파운때인	연필	yeonphil
ပိုက်ဆံအိတ်	빠익산에익	지갑	jigap
အိတ်	에익	가방	gabang
လိပ်စာကဒ်	레익사껫	명함	myeongham

C. 화장실용품 : ရေချိုးခန်းသုံး ပစ္စည်းများ

미얀마어		한국어	
ရေချိုးကန်	예초간	욕조	yokjo
တဘက်	다백	타월	htaweol
မျက်နှာသစ်ကန်	미액나뜃간	세면대	semyeondae
ဆပ်ပြာမှုန့်	삽빠호못	세제	seje
အိမ်သာအိုး	에잉다오	변기	byeongi
သွားတိုက်ဆေး	뚜와다익세이	치약	chiyag
သွားတိုက်တံ	뚜와다익딴	칫솔	chitsol
မုတ်ဆိတ်ရိတ်စက်	모옷세익애익색	면도기	myeondogi
ဆံပင်လေမှုတ်စက်	자빙레이호못색	헤어 드라이어	heeo deuraieo
ခေါင်းလျှော်ရည်	가옹셔애이	샴푸	syamphu
အိမ်သာသုံးစက္ကူ	에잉다또옹쌕꾸	화장지	hwajangji
ရေချိုးခန်း	애이초간	샤워실	syawosil
ဆပ်ပြာ	삽빠	비누	binu
ဘီး	비	빗	bit

제 10 과
형용사 대조
သင်ခန်းစာ (၁၀)
ဆန့်ကျင်ဘက်ပြ ကြိယာဝိသေသနများ

미얀마어		한국어	
단어	바름	단어	바름
နူးညံ့သော ↔ ကြမ်းတမ်းသော	누난더 ↔ 쩐딴더	부드러운 ↔ 거친	budeureoun ↔ geochin
မာသော ↔ ပျော့သော	마더 ↔ 뺘엇더	딱딱한 ↔ 연한	taktakkhan ↔ yeonhan
မြင့်သော ↔ နိမ့်သော	미잉더 ↔ 네잇더	높은 ↔ 낮은	nopeun ↔ najeun
နံသော ↔ မွှေးသော	난더 ↔ 호풰더	악취나는 ↔ 향기로운	akchwinaneun ↔ hyanggiroun
အရပ်ရှည်သော ↔ အရပ်နိမ့်သော	아앳새이더 ↔ 아앳내잇더	키 큰 ↔ 키 작은	ki kheun ↔ ki jageun
ရှည်သော ↔ တိုသော	셰이더 ↔ 또더	긴 ↔ 짧은	gin ↔ jalbeun
ရဲရင့်သော ↔ ကြောက်သော	애잉더 ↔ 짜욱더	용감한 ↔ 겁많은	yonggamhan ↔ eobmaneun
ကြိုးစားသော ↔ ပျင်းသော	쪼싸더 ↔ 뻰떠	근면한 ↔ 게으른	Geunmyeonha ↔ geeureun
အေးသော ↔ ပူသော	에이더 ↔ 뿌더	추운 ↔ 더운	chu un ↔ deoun
ချမ်းသာသော ၊ ↔ ဆင်းရဲသော	찬따더 ↔ 싱애더	부유한 ↔ 가난한	buyuhan ↔ gananhan
တောက်ပသော ၊ ↔ မဲမှောင်သော	따웅-빠대 ↔ 마웅-메대	밝은 ↔ 어두운	balg'eun ↔ eodu'un

ဆူညံသော။ ↔ တိတ်ဆိတ်သော	수난더 ↔ 떼잇세잇더	시끄러운↔ 조용한	sikkeureoun↔ joyonghan
မှန်သော ↔ ၊မှားသော	호만더 ↔ 호마더	진실된↔ 거짓의	jinsildoen↔ geojisui
နက်သော ↔တိမ်သော	넉더 ↔ 때잉더	깊은↔ 얕은	gip'eun↔ yat'eun
လွယ်သော ↔ ခက်သော	쉐더 ↔ 캐더	쉬운 ↔ 어려운	swiun↔ oryeoun
ပေါ့သော ↔ လေးသော	뻿더 ↔ 레이더	가벼운 ↔ 무거운	gabyeoun↔ mugeoun
စာနာသော ↔ ရက်စက်သော	싸나더 ↔ 액색더	자비로운 ↔ 잔인한	jabiroun↔ janinhan
ကျယ်သော ↔ ကျဉ်းသော	쩨더 ↔ 쩡더	넓은 ↔ 좁은	neolbeun↔ jobeun
ပျော်သော။ ↔ ဂမ်းနည်းသော	뻐더 ↔ 완네더	즐거운 ↔ 슬픈	jeulgeoun↔ seulpeun
ဝသော။ ↔ ပိန်သော	와더 ↔ 뻬인더	뚱뚱한 ↔ 날씬한	ddungddunghan↔ nalssinhan
ကြမ်းတမ်းသော။ ↔ သေသပ်သော	짠딴더 ↔ 떼이땟더	조악한 ↔ 정교한	Joakhan↔ jeong'gyohan
မှည့်သော။ ရင့်ကျက်သော ↔ စိမ်းသော။ မရင့်ကျက်သော	효멧더, 이잇짝더 ↔ 세이더, 마이잇짝더	익은,성숙한 ↔ 덜익은,미숙한	igeun,seongsukhan↔ deoligeun,misukhan
အသိဉာဏ်ရှိသော ↔ အသိဉာဏ်မဲ့သော	아띠냥시더↔ 아띠냥맷더	현명한↔ 무식한	hyeonmyeonghan↔ musikhan

Burmese	Burmese	Korean	Romanization
ပျော်သော ↔ ဂမ်းနည်းသော	ဗျော်ဒါ ↔ ဝမ်နေဒါ	즐거운↔슬픈	jeulgeoun↔seulpheun
ဝသော ↔ ပိန်သော	ဝါဒါ ↔ ဗေအင်ဒါ	뚱뚱한↔날씬한	tungtunghan↔nalssinhan
ကြမ်းတမ်းသော ↔ သောသပ်သော	ဇန်တန်ဒါ ↔ ပေအိတ္တဲဒါ	조악한↔정교한	joakhan↔jeonggyohan
မှည့်သော / ရင့်ကျက်သော ↔ စိမ်းသော / မရင့်ကျက်သော	ဟိမိတ်ဒါ/ အိအိတ္ဇဲဒါ↔ ဆေအင်ဒါ / မာအိအိတ္ဇဲဒါ	익은/성숙한↔ 덜익은/미숙한	igeun/seongsukha↔ deoligeun/misukhan
ချဉ်သော ↔ ချိုသော	ချင်ဒါ ↔ ချောဒါ	신↔단	sin↔dan
လင်းသော ↔ မှောင်သော	လင်ဒါ ↔ ဟိမာအုင်ဒါ	밝은↔깜깜한	balgeun↔kkamkkamhan
ထက်မြက်သော ↔ ထုံထိုင်းသော	တှတ်မ္ဂဲဒါ ↔ တုင်တာအိဒါ	예리한↔둔한	yerihan↔dunhan
ဖြောင့်သော ↔ ကွေးသော	ပါအုတ်ဒါ ↔ ကွေအိဒါ	똑바른↔굽은	tokbareun↔gubeun
သေသော ↔ ရှင်သော	တ္တဲအိဒါ ↔ ဆင်ဒါ	죽은↔ 살아 있는	jugeun↔sara itneun
စောသော ↔ နောက်ကျသော	စောဒါ↔ နောက်ဇာဒါ	이른↔늦은	ireun↔neujeun
မာနကြီးသော ↔ နှိမ့်ချသော	မာနာဇိဒါ↔ ဟိနေအိတ်ချာဒါ	거만한↔ 겸손한	geomanhan↔gyeomsonhan
ယဉ်ကျေးသော ↔ ရိုင်းသော	အိဇ္ဇဲဒါ↔ ယာအိင်ဒါ	예의바른↔ 무례한	yeuibareun↔muryehan
မြန်သော ↔ နှေးသော	မန်ဒါ↔ ဟိနေဒါ	빠른↔ 느린	pareun↔neurin
ကောင်းသော ↔ ဆိုးသော	ဇောင်ဒါ↔ စောဒါ	좋은↔ 나쁜	joeun↔napeun

လှပသော ↔ ရုပ်ဆိုးသော	흐라빠더 ↔ 욧쏘오더	아름다운 ↔ 추한	areumdaun ↔ chuhan
ကြီးသော ↔ ၊သေးသော	찌더 ↔ 떼이더	큰 ↔ 작은	kheun ↔ jageun
ပွင့်သော ↔ ပိတ်သော	쁘윗더 ↔ 뻬잇더	열린 ↔ 닫힌	yeolin ↔ dachin
စိုသော ↔ ခြောက်သော	쏘더 ↔ 차욱더	젖은 ↔ 마른	jeojeun ↔ mareun
ကြမ်းတမ်းသော ↔ သေသပ်သော	짠딴더 ↔ 떼이뗏더	조악한 ↔ 정교한	joakhan ↔ jeonggyohan
သန့်ရှင်းသော ↔ ညစ်ပတ်သော	따안싱더 ↔ 니잇빳더	깨끗한 ↔ 더러운	kaekkeuthan ↔ deoreoun
သန်မာသော ↔ အားနည်းသော	딴마더 ↔ 아네더	강한 ↔ 약한	ganghan ↔ yakhan
သစ်သော ↔ ဟောင်းသော	떳더 ↔ 하웅더	새로운 ↔ 낡은	saeroun ↔ nalgeun
ငယ်သော ↔ ကြီးသော	웅애더 ↔ 찌더	젊은 ↔ 늙은	jeolmeun ↔ neulgeun

제 3 부

유용한 표현

အခန်း (၃)

အသုံးဝင်အပြောများ

제 3 부 유용한 표현
အခန်း (၃) အသုံးဝင်အပြောများ

제 1 과
인사
သင်ခန်းစာ (၁)
နှုတ်ခွန်းဆက်

မင်္ဂလာနံနက်ခင်းပါ ။ (오전 인사)

(밍갈라 나네킹바)

မင်္ဂလာနေ့လည်ခင်းပါ ။ (오후 인사)

(밍갈라 네이래킹바)

မင်္ဂလာညနေခင်းပါ ။ (저녁 인사)

(밍갈라 냐네이킹바)

ကောင်းသောညပါ ။ (밤 인사)

(까웅더냐바)

N မင်္ဂလာပါ (오전/오후/저녁 만날 때)
(밍갈라바)

N 안녕하세요.
(annyeonghaseyo.)

B အေး အေ့ (နှုတ်ခွန်းဆက်ခြင်း) B
*위의 인사에 대한 답변

Y ဟုတ်ကဲ့။ မင်္ဂလာပါ
(호웃깨. 밍갈라바)
퓨퓨 : 예, 안녕하세요.
(ye, annyeonghaseyo.)

😊 ကျော့ကျော့။ နေကောင်းရဲ့လား!
(네까웅 옛라?)
쩌쩌 : 잘 지내세요?
(jinaeseyo?)

B ဟုတ်ကဲ့။ နေကောင်းပါတယ်။ ကျေးဇူးတင်ပါတယ်။
(훗껫 네까웅바대신. 쩨주띤바대.)
퓨퓨 : 잘 지냅니다. 감사합니다.
(jal jinaemanida. gamsahamanida)

89

B အေးအေး။ ။တွေ့ရာဝမ်းသာပါတယ်
    (붸야다 웡따 바대.)
    에에 : 만나서 반갑습니다.
        (manaseo bangabseumnida.)

Y သူဇာ။ နာမည်ဘယ်လိုခေါ်လဲ။
    (나매 배로 커레?)
    뚜자 : 이름이 무엇이에요?
        (ireumi mueosieyo?)

B အေးအေး။ ။ကျွန်မနာမည် အေးအေးပါ။
    (짜마 나메 에에바.)
    에에 : 제 이름은...이에요.
        (je ireum'eun ...iyeyo.)

Y သူဇာ။ အသက်ဘယ်လောက်လဲ။
    (아땍 배라욱레?)
    뚜자 : 몇 살이에요?
        (myeotsal ieyo?)

B အေးအေး။ နှစ်ဆယ်ပါ။
    (흐네세바.)
    에에 : 스무 살이에요.
        (seumusal ieyo.)

N သူဇာ ။ မိသားစု ဘယ်နှစ်ယောက် ရှိလဲ ။
(미따수 배흐나야옥 시레?)
뚜자 : 가족은 몇 명이에요 ?
(gajogeum myeot myeon'iyeyo?)

B အေးအေး ။ ငါးယောက်ပါ။
(호아야옥빠.)
에에 : 다섯명입니다.
(daeseok myeong imnida.)

N သူဇာ ။ ဘာအလုပ် လုပ်ပါသလဲ ။
(바 아로옵 롯빠따레 ?)
뚜자 : 당신 직업은 뭐예요 ?
(dangisin jigebeun mwoyeyo?)

B အေးအေး ။ ကျွန်မ ကျောင်းသားပါ။
(짜마 짜옹다빠.)
에에 : 저는 학생입니다.
(jeonun haksang imnida.)

N သူဇာ ။ ဘာလူမျိုးပါလဲ ။
(바 루묘바레 ?)
뚜자 : 어느 나라 사람이에요?
(eonu nara saram ieyo?)

B အေးအေး ။ မြန်မာလူမျိုးပါ။

(미얀마 루묘바.)

에에 : 미얀마 사람입니다.

(miyanma saram imnida.)

သူဇာ ။ ဒီကို ဘာကြောင့် လာခဲ့တာပါလဲ ။

(디꼬 바짜욱 라케따바레?)

뚜자 : 여기에 무슨 일로 오셨습니까?

(yeogie musuen illo oshyeoksumnika?)

B အေးအေး ။ အလည်လာတာပါ ။

(아레 라다바.)

에에: 놀러 왔어요.

(nouleo waseoyo.)

B အေးအေး ။ နောက်မှ တွေ့ကြမယ် ။

(나옥호마 뛔짜매.)

에에 : 다음에 또 봐요 .

(daeume to bwayo.)

n သူဇာ ။ သွားပါအုံးမယ် ။

(똬바옹매.)

뚜자 :안녕히 가세요 .

(annyeonghi gyeseyo.)

제 2 과
소개
သင်ခန်းစာ (၂)
မိတ်ဆက်ခြင်း

1. အေးအေး ။ မင်္ဂလာပါ။ (밍글라바)

   에에: 안녕하세요. (annyeonghaseyo)

   တူဇာ ။ မင်္ဂလာပါ။ (밍글라바)

   뚜자: 안녕하세요. (annyeonghaseyo.)

2. အေးအေး ။ သူငယ်ချင်းနဲ့ မိတ်ဆက်ပေးပါရစေ။

   (뚜애징네 매잇색뻬바야제이.)

   에에 : 친구를 소개하겠습니다.

   (chingureul sogaehagessseumnida.)

   တူဇာ ။ သူငယ်ချင်းက ဘယ်သူပါလဲ။

   (뚜애징가 베두바레)

   뚜자 : 친구는 누구입니까?

   (chinguneun nuguimnika?)

   အေးအေး ။ မြန်မာသူငယ်ချင်းပါ ။

   (미얀마뚜애징바.)

   에에 : 미얀마친구입니다

   (miyanmachingu-ibnida.)

3. မင်္ဂလာပါ။ မင်းလားပါ။ ကျွန်မနာမည် ဂျေးရွှတ်ပါ။ ခေါ်ပါတယ်။

(밍글라바 . .쭌마 나매 퓨퓨 롯 쿠어바대.)

퓨퓨: 안녕하세요. 제이름은 퓨퓨입니다.

(annyeonghaseyo. jeireum-eun phyu phyu imnida.)

သူတ။ ကျွန်မနာမည် သူဇာပါ။ တွေ့ရတာ ဝမ်းသာပါတယ်။

(쭌마 나매 뚜자바 . 뛔야다 웡 따 바대.)

뚜자: 제이름은 뚜자 입니다. 만나게 되어 반갑습니다.

(jeireum-eun thuza imnida.. mannage doeeo bangabseumnida.)

4. မြန်မာက အရမ်းပူတယ်မလား။

(미얀마가 아얀 뿌대마라)

퓨퓨 : 미얀마는 너무 덥지요?

(miyanmanun neomu deopjiyo?)

သူတ။ ဟုတ်ကဲ့။ အရမ်းပူတယ်။

(훗껫 , 아얀 뿌대)

뚜자: 네, 너무 더워요.

(nae, neomu deoweoyo.)

5. အဲ့ယားကွန်း ဖွင့်ပေးပါ။

(에어컨 푸윈뻬바)

에에 : 에어컨 좀 켜 주세요.

အေအေး ။ ကျွန်မတို့ ထမင်းစားကြရအောင် ။

(쭌마돗 타민 사짜아마용;)

에에 : 우리 식사 해요.

(uri shiksahaeyo.)

သူထ ။ ကောင်းပြီ ။

(까옹바비)

뚜자 : 좋습니다.

(jo sumnida)

제 3 과
감사와 사과

သင်ခန်းစာ (၃)
ကျေးဇူးတင်ခြင်းနှင့် တောင်းပန်ခြင်း

1. ကျော်ကျော် ။ ကျေးဇူးတင်ပါတယ် ။

   (쩌주띵바대.)

   쩌쩌 : 감사합니다. / 고맙습니다.

   (gamsahamnida. /gomapseumnida.)

   ကိုကို။ ကူညီပေးတာ ကျေးဇူးတင်ပါတယ် ။
   (꾸니 뻬다 쩌주 띵바대)

   꼬꼬: 도와주셔서 감사합니다.

   (dowajusyeoseo gamsahamnida..)

2. အွန်းကျောင်း ။ မွေးနေ့လက်ဆောင် ပေးတာ ကျေးဇူးတင်ပါတယ် ။

   (펜네랙사옹· 뻬다 쩌주띵바대.)

   은정 :생일선물을 주셔서 고맙습니다.

   (saeng-ilseonmul-eul jusyeoseo gomabseubnida.)

   ဝါဝါ ။ မဟုတ်တာ ။ (마홋따)

   와와:별말씀을요.

   (byeol malsum-eulyo.)

ဂါဂါ ။ ဒီဟာက မြန်မာပြည်က ယူလာတဲ့ လက်ဆောင်ပါ ။

(디하까 미얀마가 유라뎃 랙사웅바.)

와와:이것은 미얀마에서 가져온 선물입니다.

(igeosun miyanma aeseo gajeoun seonmul imnida.)

3. နီနီ ။ အားနာပါတယ် ။ (아나바대.)

니니 :미안합니다. (mianhamnida.)

ဂါဂါ ။ ရပါတယ် ။ (아바대)

와와 : 괜찮아요. (gwaenchan-ayo.)

4. နီနီ ။ အကြာကြီး စောင့်လိုက်ရလို့. အားနာပါတယ် ။

(아짜지 싸웅라익야롯 아나바대.)

니니:오래 기다리게 되서 미안합니다.

(orae gidarige doeseo mianhamnida)

ဖြူဖြူ ။ ရပါတယ် ။ ကျွန်မလည်း ရောက်တာ သိပ်မကြာသေးပါဘူး ။

(아바대, 쭌마레 야욱따 떼익 마짜데부.)

퓨퓨 : 괜찮아요. 저도 온지 얼마 안 됐습니다.

(gwaenchanayo. jeodo onji eolma an dwaeseumnida.)

5. ဗျူဗျူ ။ မနက်ဖြန် အချိန်ရှိလား ။
   (마녁판 아체잉 시라?)
   퓨퓨: 내일 시간 있어요 ?
   (nalil shigan iseoyo?)

   ဝါဝါ ။ ဝမ်းနည်းပါတယ်။ မနက်ဖြန် နည်းနည်း အလုပ်များတယ် ။
   (완네바대 , 마녁판 네네 아룻마대)
   와와:죄송합니다. 내일은 조금 바빠요.
   (joesonghamnida. nalilrun jogum bapayo.)

6. မွန်မွန် ။ ခွင်.လွှတ်ပေးပါ။
   (크윙룻빼바.)
   문문:제가 잘못을 했는데 용서해 주세요 .
   (jaega jalmo-sul haenundae yongseohae jusaeyo.)

   အေးအေး ။နောက်တစ်ခါ ဒီလို မလုပ်ပါနဲ့ . ။
   (나옥따카 디로 마룻빠네.)
   에에 :다음에는 그러지 마세요 .
   (daeum-aenun guroeji masaeyo.)

제 4 과
부탁이나 권유

သင်ခန်းစာ (၄)
တောင်းဆိုခြင်းနှင့် အကြံပြုခြင်း

1. ဝန်ထမ်း ။ ကြွပါခင်ဗျာ ။

(쫘바킹뱌.) 여자일 경우 : 쫘바싱

직원 : 어서 오세요..

(eoseo oseyo.)

ဧည့်သည် ။ ဒီမှာ ထိုင်လို့ ရပါသလား ။

(디흐마 타잉롯 야바달라?)

손님 : 여기 앉아도 될까요 ?

(yeogi anjado doelkayo?)

ဝန်ထမ်း ။ ထိုင်ပါခင်ဗျာ ။

(타잉바싱/킹뱌.)

직원 : 앉으세요..

(anjeuseyo)

ဝန်ထမ်း ။ ဘာမှာပါလဲခင်ဗျာ ။

(바호마빠레 킹뱌)

직원 : 뭐 주문하시겠어요?

(mweo jumunhasigeseoyo?)

ဧည့်သည် ။ ထမင်းကြော် သုံးပွဲပေးပါ ။

(타민쩌 또옹쮀 뻬바)

손님 : 볶음밥 세개주세요.

(bokumbab saehae juseoyo.)

3. ဝန်ထမ်း ။ ဘာသောက်မှာပါလဲ ရှင် ။

(바따욱호마바레 싱)

직원 : 무엇을 드시겠어요?

(mueoseul deusigeseoyo?)

ဧည့်သည် ။ ကော်ဖီ တစ်ခွက်ပေးပါ ။

(커피 띠크왝 뻬바.)

손님 :커피 한 잔 주세요 .

(kheophi hanjan juseyo.)

4. ဧည့်သည် ။ ဆေးလိပ်သောက်လို့. ရပါသလား ။

(세레입 따욱롯 야바달라?)

소님 :담배 피워도 될까요?

(dambae phiwodo doelkayo?)

100

Y ညည်.သည် ။ ရေပေးပါ။
　　　(애이 ┉바.)
　　손님 : 물주세요.
　　　(mul jusayeo.)

N ဝန်ထမ်း ။ ဟုတ်ကဲ့ ။ ခဏလောက် စောင့်ပေးပါ။
　　　(훗깨, 카나라욱 사욱┉바.)
　　직원 : 네, 잠깐만 기다리세요.
　　　(nae, jamkanmam gidarisaeyo.)

Y ညည်.သည် ။ အိမ်သာ ဘယ်မှာလဲ။
　　　(애잉다 배호마레)
　　손님 : 화장실이 어디에요?
　　　(hwajangsil-i eodiyeyo?)

N ဝန်ထမ်း ။ အပြင်ကို ထွက်ထွက်ချင်း ညာဘက်ဘေးမှာ ရှိပါတယ် ။
　　　(아뼁꼬 투왓투와칭 호냐백 베호마 시바대.)
　　직원 : 밖에 나가서 바로 오른쪽에 있습니.
　　　(bake nagaseo baro orunjyog'ae isumnida.)

5. အေးအေး ။ ကျွန်မတို့ ပိုက်ဆံရှင်းကြစို့ ။

(쭈마도 빡익산 싱자솟)

에에 : 우리 계산합시다.

(uri gaesan hapshida.)

သူငယ်ချင်း ။ ကျွန်မ ရှင်းပါ့မယ် ။

(쭌마 싱바매)

친구 : 제가 계산 할 께요.

(jaega gaesan halkaeyo.)

အေးအေး ။ မဟုတ်တာ ။ ဒီတစ်ခါ ကျွန်မ ရှင်းပါ့မယ် ။

(마홋따 , 디따카 쭌마 싱바매)

에에 : 아니에요. 이번에는 제가 할 께요.

(arniaeyo, ibeonenun jae ga halkaeyo.)

제 5 과
교통
သင်ခန်းစာ (၅) သွားလာခြင်း

1. အမေး ။ ဒီနေရာက ဘယ်နေရာလဲ ။

   (디네이야가 배네이야레?)

   질문 : 여기가 어디죠?

   (yeogi ga eodijo ?)

   အဖြေ ။ မြို့ထဲဖြစ်ပါတယ် ။

   (묘테 피잇빠대)

   답변 : 시내입니다.

   (shi nae imnida.)

2. အမေး ။ တစ်ဆိတ်လောက် ။ ဘတ်စ်ကား မှတ်တိုင်က ဘယ်မှာပါလဲ ။

   (따세잇라옥..밧싸까 흐맞따잉 배호마바래?)

   질문 : 실례합니다. 버스정류장이 어디에요?

   (sillyehamnida. beoseujeonglyujang-i eodieyo

အဖြေ ။ လမ်းတစ်ဘက်မှာ ရှိပါတယ် ။

(람 따팍호마 시바때)

답변: 길 건너편에 있습니다.

(gil geoneon phyeone isumnida.)

3. အမေး။ ဈေးက ဒီကနေ ဝေးလား ။

(제이가 다까네이 웨라 ?)

질문 : 시장은 여기서 멀어요 ?

(shijangeun yeogiseo meoreoyo?)

အဖြေ ။ မဝေးဘူး ။ နီးပါတယ် ။

(마웨부. 니바대)

답변 : 안 멀어요. 가까워요.

(an meoreoyo. gakaweoyo.)

4. အမေး။ မြို့ထဲကို ဘယ်လို သွားရမလဲ။

(묘대고 배로돠잉야말래?)

질문 : 시청까지 어떻게 가나요?

(sicheongkaji eoteokhe ganayo?)

အဖြေ။ ဘတ်စ်ကားနံပါတ် ၁၂ကို စီးသွားရင် ရောက်ပါတယ်။

(바스까 난백 새흐넛꼬 시돠잉 야옥빼대)

답변 : 12 번 버스를 타면 됩니다.
(shibibeon beosourul thamyeon dwaemnida.)

5. အမေး ။ တက်စီနဲ့ သွားရင်ဘယ်လောက် ကြာလဲ။
(땍시내 똬잉 배라욱 짜레 ?)
질문 :택시로 가면 얼마나 걸려요?
(taeksiro gamyeon eolmana geolyeoyo?)

အဖြေ ။ ဆယ့်ငါးမိနစ်ကြာပါသယ်။
(샛호아 미닛 짜바대)
답변 : 십오분 걸립니다.
(shibobun geolimnida.)

6. အမေး ။ စနေနေ့ဆို ကားပိတ်လား ။
(사내넷소 까삐읏라)
질문 : 토요일날이면 차가 막혀요.
(htoyoilnal imyeon chaga makhyoeyo?)

အဖြေ။ ဟုတ်ကဲ့ ။ ပိတ်ပါသယ်။ စောစောသွားပါ။
(훗께, 삐읏빠대, 서서 똬바.)
답변 : 네, 막혀요. 일찍 가세요.
(ne, makhyeo yo. iljik gasaeyo.)

똑바로 가주세요.
(togparo gajusaeyo.)

7. ဘယ်ဘက်ကို သွားပါ။
(배백고 똬바.)
왼쪽으로 가세요.
(oenkyogeuro gasaeyo.)

8. ညာဘက်ကို သွားပါ။
(냐백고 똬바.)
오른쪽으로 가세요.
(oeurnkyogeuro gasaeyo.)

9. အတူတူ သွားစို့။
(아뚜뚜 똬솟.)
저랑 같이 가세요.
(jeorang gachi gasaeyo.)

10. ရောက်ပါပြီ။
(야옥빠비.)
다 왔어요.
(da wasseoyo.)

11. ဒီမှာ ဆင်းပါ့မယ်။
(디호마 싱바매.)
여기 내려 주세요.
(yeogi naeryeo jusaeyo.)

제 6 과
전화

သင်ခန်းစာ (၆)
ဖုန်းစကားပြောခြင်း

♣ ဟဲလို။ အခန်းနံပါတ် ၅ က ပြူပြူနဲ့. စကားပြောချင်ပါတယ်။

(헬로, 아칸난백 홍아가 퓨퓨네 사까뻐칭바대.)

와와 : 여보세요, 5 번 손님 퓨퓨랑 통화하고 싶습니다.

(yeobosaeyo, obeon sonnim phyu phyu rang htohwa-hago shipsumnida.)

♣ ဟိုတယ်ဝန်ထမ်း ။ ဟုတ်ကဲ့. ၊ ခဏစောင့်ပါ. ဖုန်းလွှဲပေးပါ့မယ်။

(홋께, 카나사옥바. 폰 흐뭬뻬바매.)

호텔 직원 : 네, 잠깐만 기다리세요. 전화 바꿔드리겠습니다..

(ne, jamkkanman gidaliseyo. jeonhwa bakwodeurigessseumnida.)

♣ ကျော်ကျော် ။ ပါမောက္ခကင်နဲ့. စကားပြောလို့. ရပါသလား။

(빠마옥카 김네 사까뻐롯야바다라?)

쩌쩌 : 김교수님과 통화할 수 있습니까?

(kimgyosunimgwa htonghwahal suissseumnika?)

♣ သမီး ။ အပြင်ထွက်သွားပါတယ်။ တစ်နာရီလောက်နေရင် ဖုန်းထပ်ဆက်ပါ။
(아뻰 투왔똬바대. 먼나이라욱 네이잉 폰탑색빠.)
딸 : 밖에 나갔습니다. 한시간 후에 다시 전화하세요.
tal : (bake nagaseumnida. hansigan hue dasi jeonhwahaseyo.)

♣ ကောင်းကောင်း မကြားရဘူး။ ကျယ်ကျယ်ပြောပါ။
(까옹 까옹 마짜야부. 쩨쩨 뼈바.)
잘 안 들려요. 크게 말하세요.
(jal an deulyeoyo. khukae malhasaeyo.)

♣ ဖုန်းမှားနေပါတယ်။
(폰 흐마네이바대.)
전화 잘못 걸었어요.
(jeonhwa jalmot geoleosseoyo.)

♣ ဘာကိစ္စနဲ့ ဖုန်းဆက်တာလဲ။
(바께잇사네 폰색따바레?)
무슨일로 전화 하셨어요?
(museun ilo jeonhwahasyeosseoyo?)

♣ အခု အလုပ်များနေလို့. နောက်မှ ဆက်သွယ်ပါ့မယ်။
(아쿠 아롯 먀네이롯 나옥흐마 색뚜애빳매.)
지금 바쁘니까 나중에 연락드릴게요.
(jigeum bapunika najunge yeongragdeurikeyo.)

제 7 과
공항에서
သင်ခန်းစာ (၇) လေဆိပ်တွင်

မေး ။ နိုင်ငံကူးလက်မှတ် တစ်ဆိတ်လောက် ပြပါ။

(나이앙꾸 략흐맷 따세잇라옥 빠바.)

질문 : 여권 좀 보여주세요.

(yeokwon jom boyeojuseyo.)

မေး ။ လေယာဉ်လက်မှတ် တစ်ဆိတ်လောက် ပြပါ။

(레인략흐맷 따세잇라옥 빠바.)

질문 : 비행기표 좀 보여 주세요.

(bihaeng-gipyo jom boyeo juseyo.)

ဖြေ ။ ဒီမှာပါ။

(디흐마바.)

답변 : 여기 있어요.

(yeogi isseoyo.)

မေး ။ မြန်မာပြည်ကို ဘာကြောင့်လာတာလဲ။

(미얀마뻬고 바아짜웃 라다레?)

질문 : 왜 마얀마에 왔어요?

(wae mayanmae wasseoyo?)

ဖြေ ။ ကျောင်းပိတ်လို့. လာလည်တာပါ။

(짜운 삐잇로롯 라래다바.)

답변 : 방학이라서 놀러 오는 거예요.

(banghagiraseo nolleo onun geoyaeyo.)

B ပစ္စည်းတွေ ဘယ်မှာ ယူရမလဲ။

(삣씨돼 배흐마 유야마레?)

짐은 어디에서 찾나요?

(jimeun eodi'eseo chatnayo?)

B အိတ်မတွေ့ဘူး။

(에잇 마뛔부.)

가방을 잃어 버렸어요.

(gabangeul ilreo beolyeosseoyo.)

B ဝင်ပေါက်/ထွက်ပေါက်က ဘယ်နားမှာလဲ။

(윈빠옥/ 투왓빠옥까 배나흐레?)

입구 / 출구는 어디에 있어요?

(ipku / chulguneun eodie isseoyo?)

B ငွေလွှဲကောင်တာ ဘယ်နားမှာ ရှိတယ်ဆိုတာ ပြောပြပေးပါ။

110

(응웨줴까운다 배나흐마 시대소다 뻐빠뻬이바.)

환전소 어디에 있는지 알려주세요.

(hwanjeongso eodie issnunji allyeojusaeyo.)

B. ထွက်ပေါက် ဘယ်လာက်ကို သွားရမလဲ။

(투왓빠욱 배라욱꼬 똬야마레?)

몇 번 출구로 가야 하나요?

(myeot beon chulguro gaya hanayo?)

m လက်ဆွဲအိတ်ကို စစ်ဆေးဖို့ ဖွင့်ပေးပါ။

(랙쇄에잇꼬 씻세폿 프웡뻬이바.)

손가방을 검사하게 열려주세요.

(songgabaneul geomsahagae yeolyeojusaeyo.)

m လေယာဉ်ပေါ် တက်ပေးပါ။

(레잉뻐 딱뻬이바.)

비행기 탑승해주세요.

(bihangi htapseung haejusaeyo.)

B လေယာဉ် ဘယ်အချိန် ထွက်မှာလဲ ။

(레잉 배아치잉 투왓흐마레?)

비행기는 몇시에 떠나요?

(bihangineun myeoshie teonayeo?)

M လေယာဉ် ကောင်းစွာ ဆိုက်ရောက်ပါတယ်။

(레잉 까웅쏴 사잇야웃바대.)

비행기가 잘 도착했어요.

(bihaengi ga jal dochaehaesseoyo.)

m ဖုန်းပိတ်ပေးပါ။

(폰 뻬잇뻬이바.)

전화 꺼주세요.

(jeonhwa keojusaeyo.)

M ထိုင်ခုံခါးပတ်ကို ပတ်ပါ။

(타잉콘 카뱃꼬 빳빠.)

안전벨트를 매세요.

(anjeonbelgteu rul maesaeyo.)

m. အိတ်ထဲမှာ ဘာရှိလဲ။

(에잇테흐마 바시레?)

가방에 무엇이 있어요?

(gabange mueosi isseoyo?.)

B. အဲဒါ သူငယ်ချင်း လက်ဆောင်ပါ။

(에다 뚜애칭 랙사옹바.)

그것이 친구선물이에요.

(geugeosi chingu seonmulieyo.)

m. ဒီဘက်ကနေ့ ထွက်ပါ။

(디백까네이 투왓빠.)

이쪽으로 나가세요.

(ijogeulo nagasaeyo.)

제 8 과
호텔에서
သင်ခန်းစာ (၈) ဟိုတယ်တွင်

Y အခန်းလွတ် ရှိလား။

(어칸루옷 시라?)

빈 방이 있어요?

(bin bangi isseoyo?)

B ဘိုကင် လုပ်ထားလား။

(보낀 로옥타라?)

예약했어요?

(yeyak khesseoyo?)

Y အင်တာနက်ကနေ ဘိုကင်လုပ်ထားပါတယ်။

(인터넷까네이 보낀 로옥타바대)

이터넷으로 예약했어요.

(iteonesuro yeyak khesseoyo)

Y အခန်းခက တစ်ရက်ကို ဘယ်လောက်လဲ။

(아칸카가 따액꼬 배라욱레?)
방 값은 하루에 얼마예요?
(bang gabsun harue eolmaeyo?)

B ရှစ်သောင်းကျပ်ပါ။

(식따옹짯빠.)
팔만짯이예요.
(phalman kyat shiyeyo)

B ဒီမှာ ဘယ်နှစ်ရက် တည်းမှာလဲ။

(디호마 배나액 떼호마레?)
여기에서 몇 일 동안 묵을 거에요?
(yeogieseo myeochil dongan mugulgeoeyo?)

Y တစ်ပတ် နေမှာပါ။

(더밧 네이호마바.)
일주일 동안 있을 거에요.
(iljuil dongan isul geoeyo.)

B ဒီ စာရွက်ထဲမှာ နာမည်နဲ့ နိုင်ငံကို ဖြည့်ပေးပါ။

(디 사유왝테호마 나매네 나이앙고 폐잇뻬이바.)

이 서식에 이름과 국적을 기재하세요.

(i seoshige irumgwa gukjeogul gijehaseyo.)

Y ဒီလိုဆို ရပြီလား။

(디로소 야비라?)

이러면 됐어요?

(ireomyeon dwaesseoyo?)

B ရပါပြီ။

(야빠비)

됐어요.

(dwaesseoyo.)

B အခန်း သော့ ဒီမှာပါ။

(어칸 뜨억 디흐마바.)

방 열쇠 여기 있어요.

(bang yeolswe yeogi isseoyo)

Y အခန်း နံပါတ် ဘယ်လောက်လဲ။

(아칸 난백 베라욱레?)

몇 호실이에요?

(myeo htoshilrieyo?)

B အခန်း နံပါတ် သုံးထောင့်တစ်ပါ။
(어칸 난밭 또옹타웅띳바.)
3001호실이에요.
(3001 hoshilrieyo)

B ပြီးတော့ မနက်စာကို ဂုဏာရီမှာ စားပါ။
(삐덕 머넥사고 콘니나이흐마 사바)
그리고 아침식사 일곱시쯤에 하세요.
(geurigo achimshiksa ilgopshikyeume haseyo)

B ဒီမှာ အဝတ် လျှော်လို့ ရပါတယ်။
(디흐마 어윗셔롯 야바대.)
여기에서 세탁이 돼요.
(yeogieseo sehtagi dwaeyo)

B အဝတ်လျှော်ခ ဈေးမကြီးပါဘူး။
(어윗셔카 제이마찌빠부)
세탁비는 비싸지 않아요.
(sehtakbinun bisajianayo.)

y မနက်ဖြန် မနက် ဂုဏာရီမှာ နှိုးပေးပါ။
(마낵퐌 마낵 콘니나이흐마 흐노빼이바.)
내일 아침 7시에 깨워주세요.
(naeil achim 7sie kaeweojuseyo.)

제 9 과
우체국에서

သင်ခန်းစာ (၉)
စာတိုက်တွင်

Y ပြည်တွင်း ရိုးရိုး စာပို့ရင် ဘယ်လောက်တန် တံဆိပ်ခေါင်း ကပ်ရမလဲ။
  (삐드윈 요요 사뽓잉 배라욱딴 더제익가웅 깐야마레?)
  국내 일반 편지는 얼마짜리 우표를 붙여야 해요?
  (guknae ilban phyeonjinun eolmakyari uphyorul butheoyaheyo?)

N တစ်ရာကျပ်တန်ပါ။
  (따야 짯딴바)
  100 짯이예요.
  (100kyat-shieyo.)

Y မှတ်ပုံတင် ပို့တာကောလား။
  (호맛뽄띵 뽓다거라?)
  등기편지는요?
  (dongiphyeonjinunyo?)

N အရင်ဆုံးအလေးချိန်ချိန်ကြည့်ရမယ်။
  (아잉존 어레이체인 체인찌야매)
  우선 무게는 달아봐야 해요
  (useon mugenun darabwaya heyo.)

N ဒီစာကို မှတ်ပုံတင်ပြီး အမြန်ချောနဲ့ ပို့ပေးပါ။

(디싸고 흐맛뽀띤삐 아먄처네 뽀빼이바.)

이 편지를 등기와 속달로 보내주세요.

(iphyeonjirul dongiwa sokdallo bonaejuseyo.)

B ဒီစာ သုံးရာကျပ် ကျပါတယ်။

(디싸 똥야짯 짜바대.)

이 편지는 300짯이에요.

(iphyeonjinun 300 kyatshieyo.)

N ဒီမှာ ပို့(စ်)ကဒ် ရောင်းတယ်မဟုတ်လား။

(디흐마 뽀스깟 야웅대마호옥라?)

여기 우편 엽서를 팔지요?

(yeogi uphyeon yeobseorul phaljiyo?)

B ဟုတ်ကဲ့။ ဘယ်နှစ်ကဒ် ဝယ်ချင်ပါသလဲ။

(호옥께. 배흐나깐 왜진바달레?)

네, 몇 장 사시겠어요?

(ne, myeotkyang sasigeseoyo?)

N တစ်ကန် ဘယ်လောက်လဲ။

(다깐 배라욱레?)

장당 얼마예요?

(jangdang eolmayeyo?)

B တစ်ကန် တစ်ရာကျပ်ပါ။

(다깐 따야짯바.)

장당 100 짯이에요.

(jangdang 100kyatshieyo.)

N ဒါဆို ဆယ်ကန် ပေးပါ။

(다소 새 깐 빼이바.)

그럼 10장 주세요.

(geureom 10jang juseyo.)

n အားလုံးပေါင်း ဘယ်လောက်လဲ။

(아로웅빠웅 배라욱레?)

모두 합해서 얼마예요?

(modu haphaeseo eolmayeyo?)

B တစ်ထောင့်ငါးရာကျပ်ပါ။

(따타웅응아야짯바.)

1500짯이에요.

(cheon-obek-kyat-shieyo)

N ပိုက်ဆံ ဒီမှာပါ။

(빠익산 디흐마바.)

돈 여기 있어요.

(don yeogi iseoyo.)

B ဒီမှာအမြန်ချော မှတ်ပုံတင် ဖြတ်ပိုင်းနဲ့ ပို့(စ်)ကဒ်ပါ။

(디흐마 아먄처 흐맛뽄띤 피얏빠잉네 뽀스깟빠.)

여기 등기속달 영수증과 우편협서예요.

(yeogi dungisokdal yeongsujungwa uphyeon hyeobseoyeyo)

n ပို့(စ်)ကဒ်ကို ဘယ်မှာ ထည့်ရမှာလဲ။

(뽀스깟꼬 배마 테야마레?)

우편협서는 어디에서 넣지요?

(uphyeon hyeopseonun eodieseo neochiyo?)

B လမ်းဘေးက စာတိုက်ပုံးထဲမှာ ထည့်ပါ။

(란베이가 사다익뽄테흐마 테빠.)

도로변에 있는 우체국 통에 넣으세요.

(dorobyeone inun ucheguk htonge neouseyo)

N ဒီမှာ စာတိုက်ငွေ လွှဲလို့ ရလား။

(디마 사다익응웨이 흐뤠일로야라?)

121

여기에서 우편송금도 돼지요?

(yeogiesseo uphyeon songumdo dwaejiyo?)

B ဟုတ်ကဲ့။ ဘယ်လောက် လွှဲချင်ပါသလဲ။

(훗껫. 배라욱 흐뤠이친바달레?)

네, 얼마를 송금하시겠어요?

(ne, eolmarul songumhasigeseoyo?)

N ခြောက်သိန်းကျပ်ပါ။

(차욱떼인짯빠.)

육십만짯이에요.

(yukshipman-kyatshieyo)

B ဒီဖောင်ထဲမှာအကြောင်းအရာတွေဖြည့်ပေးပါ။

(디 파웅테마 어짜웅야뒈이 피예뻬이바.)

이 서식에 내용을 기록하세요.

(i seoshige neyongul girokhaseyo.)

N ရေးပြီးပါပြီ။

(예이뻬바비.)

다 썼어요.

(da seosseoyo.)

B ပွဲခ နှစ်ရာကျပ် ပေးချေပါ။
(뽀옥카 흐니야짯 뻬이사웅바.)
수수료 200짯 지불하세요.
(susulyo 200kyat jibulhaseyo.)

N ဒီမှာ လွှဲငွေနဲ့. ငွေပို.ခပါ။
(디마 흐풰이응웨이네 응웨이뽀옥카바.)
여기 송금돈과 수수료예요.
(yeogi songumdongwa susulyoyeyo)

B ဒီမှာ ငွေလွှဲ ဖြတ်ပိုင်းပါ။
(디마 응웨이흐풰이 피옛빠잉바.)
여기 송금영수증이에요.
(yeogi songum-yeongsujeungieyo.)

n ကျေးဇူးတင်ပါတယ်။
(쩨이주 띤바대.)
감사해요.
(gamsahaeyo)

n သွားပါဦးမယ်။
(뚜와바온매.)
안녕히 계세요.
(annyeonghi gyeseyo.)

제 10 과
약국에서
သင်ခန်းစာ(၁၀)
ဆေးဆိုင်တွင်

♣ ဆေးဆိုင် ဘယ်မှာလဲ။

(세이사잉 배흐마레?)

약국 어디에 있어요?

(yagkuk eodie isseoyo?)

♣ နေမကောင်းဘူးလား။

(네이마까웅부라?)

어디 아파요?

(eodi aphayo?)

♣ အအေးမိလို့ ဆေးဝယ်မလို့ပါ။

(어에이미롯 세이외마롯바.)

감기에 걸려서 감기약 사려고요.

(gamgie geolyeoseo gamgiyak salyeogoyo.)

♣ ဘယ်လိုခံစားရသလဲ။

(배로 칸싸야다레?)

증상은 어때요?

(jeungsangeun eotaeyo?)

♣ အပူလည်း ရှိပြီး ခေါင်းလည်း ကိုက်တယ်။

(어뿌레 시삐 가웅레 까익대.)

열이 나고 머리도 아파요.

(yeori nago meorido aphayo.)

♣ ဘယ်တုန်းက စဖြစ်တာလဲ။

(배돈가 싸피잇따레?)

언제부터예요?

(eonjebuhteo yeyo?)

♣ ဒီ ဆေး သောက်ပါ။

(디 세이 따욱빠.)

이 약을 드세요.

(iyagul duseyo.)

♣ ဒီ ဆေးကို ဘယ်လို သောက်ရမှာလဲ။

(디 세이고 배로 따욱야흐마레?)

이 약은 어떻게 먹어요?

(iyagun eotheokhe meogeoyo?)

♣ တစ်နေ့ သုံးကြိမ် သောက်ပါ။
(따넷 또웅쩨잉 따욱빠.)
하루에 세 번 드세요.
(harue se beon duseyo.)

♣ ကျေးဇူးတင်ပါတယ်။
(쩨주띤바대.)
감사해요.
(gamsaheyo.)

♣ ကိစ္စ မရှိပါဘူး။
(께익싸마시바부.)
천만에요.
(cheonmaneyo.)

♣ ခေါင်းကိုက်တယ်။
(가웅 까익대.)
머리가 아파요.
(meoriga aphayo.)

♣ ခေါင်းကိုက်ပျောက်ဆေး သောက်ပါ။
(가웅까익 빠욱세이 따욱바.)
두통약을 드세요.
(duthong yagul duseyo)

♣ လည်ချောင်း နာတယ်။

(래자웅 나대.)

목이 아파요.

(mogi aphayo.)

♣ ဒါဆို ဒီ ဆေးသောက်ရင် ကောင်းသွားမှာပါ။

(다소 디세이 따욱잉 까웅뚜와흐마바.)

그럼 이 약을 먹으면 나을 거예요.

(gureom iyagul meogumyeon naulgeoyeyo.)

♣ ဘယ်လောက်လဲ။

(배라욱레?)

얼마예요?

(eolmayeyo?)

제 11 과
병원에서
သင်ခန်းစာ (၁၁)
ဆေးရုံတွင်

N ဘာ ကိစ္စနဲ့ လာပါသလဲ။
(바깨잇싸네 라바달레?)
어떻게 오셨어요?
(eoteokhe osheoseoyo?)

N ဘယ်နားက နေလို့ မကောင်းတာလဲ။
(배나가 네이로마까웅다레?)
어디가 아프세요?
(eodiga aphuseyo?)

B ဗိုက် အရမ်း နာပါတယ်။
(바익 아얀 나바대.)
배가 너무 아파요.
(bega neomu aphayo.)

B မနေ့ ညတည်းက ဗိုက် အောင့်ပါတယ်။
(마네이냐데가 바익 아웃바대)
어제 밤부터 배가 아파요.
(eojebambuhtoe bega aphayo)

N ဒီ ဖောင်ကို ဖြည့်ပေးပါ။

(디 파웅고 피예뻬이바.)

이서식을 작성하세요

(iseosigul jakseonghaseyo)

B ဒီမှာ အားလုံး ဖြည့်ပြီးပါပြီ။

(디흐마 알론 피예뻬바비.)

여기 다 작성했어요.

(yeogi da jakseonghaeseoyo.)

N ဒီဘက်က ဆရာဝန်ဆီ သွားလိုက်ပါ။

(디백가 사야원시 뚜와라익바.)

이쪽으로 내과 의사를 찾아가세요.

(ikyoguro negwa uisarul chajagaseyo)

Y ဘယ်နားက နေလို့ မကောင်းတာလဲ။

(배나가 네이로마까웅다레?)

어디가 아프세요?

(eodiga aphuseyo?)

Y မနေ့က ညစာ ဘာစားခဲ့လဲ။
(마네이가 냐사 바사켓레?)
어제 저녁 식사는 무엇을 먹었습니까?
(eoje jeonyeok shiksanun muoesul meogeosumnika?)

B ကြက်သားဟင်းနဲ့ ခေါက်ဆွဲ စားခဲ့ပါတယ်။
(쨱따힝네 카욱쉐 싸켓바대.)
닭고기와 국수를 먹었습니다.
(dakkogiwa guksurul meogeosumnida.)

Y ခဏ ထိုင်စောင့်ပါ။
(카나 타잉싸웅바.)
잠깐 앉아 기다리세요.
(jamkan anja gidariseyo.)

B ကျွန်တော့ ရောဂါ ဘယ်လို နေပါသလဲ။
(짜노 여가 배로 네바달래?)
저의 증상은 어떻습니까?
(jeoe jungsangun eoteosumnika?)

Y ရိုးရိုး အစာ အဆိပ်သင့်တာပါ။
(요요 아사아세익띠잉다바.)
단순한 식중독입니다.
(dansunhan shikjungdogimnida.)

B မစိုးရိမ်ရဘူးလား။

(마쏘예잉야부라?)

심하지 않습니까?

(shimhaji ansumnika?)

Y မစိုးရိမ်ရပေမဲ့ ဂရုစိုက်ရမယ်။

(마소예잉야베이맨 가유싸익야매.)

심하지 않지만 조심해야 합니다.

(shimhaji anchiman joshimheya hamnida.)

B ဒီ ရောဂါကို ဘယ်လို ကုရမလဲ။

(디 여가고 밸로 꾼야말래?)

이 병은 어떻게 치료를 해요?

(i byeongun eoteokhe chilyorul heyo?)

Y ကုသမှု မလိုပါဘူး။

(굿따무 마로바부.)

치료를 안 받아도 됩니다.

(chilyorul an badado dwemnida.)

B တော်ပါသေးတယ်။

(떠바데이대.)

다행이네요.

(dahengineyo.)

✘ ဒီဆေးကို သောက်ပြီး စောင့်ကြည့်လိုက်ပါ။

(디 세이고 따욱뻬 사웅찌라익바.)

이 약을 드시고 지켜보세요

. (iyagul dushigo jikhyoeboseyo.)

✘ မပျောက်ဘူး ဆိုရင် ပြန်လာပါ။

(마빠욱부 소잉 빤라바.)

치료되지 않으면 다시 오세요.

(chilyo dwejianumyeon dashi oseyo.)

제 12 과
가게에서

သင်ခန်းစာ(၁၂)
ဈေးဆိုင်တွင်

B ဒါ ဘယ်လောက်လဲ။

(다 배라옥 짜다레?)
이것 얼마예요?
(igeos eolmayeyo?)

N တစ်ထောင်ကျပ်ပါ။

(따타옹 짯빠.)
1000 쨧이에요.
(cheon kyat shiyeyo.)

B အရမ်း ဈေးကြီးတယ်

(아얀 제이 찌대.)
너무 비싸요.
(neomu blssayo.)

B လျော့ပေးပါ။

(셧뻬이바.)
깍아 주세요.
(kaka jusaeyo.)

¥ ငွေသားနဲ့. ရှင်းပါ့မယ်။

(응웨다네 신빳매.)

현금으로 계산할 게요.

(hyeongeumeulo gyesanhal geyo.)

¥ ကဒ်နဲ့. ရှင်းပါ့မယ်။

(깐네 신빠매.)

카드로 계산할 게요.

(khadeulo gyesanhal geyo.)

¥ ပိုက်ဆံအကြွေ မရှိဘူး ။

(빠익산 아쭈애 마시부.)

잔돈 없어요.

(jandon eobsseoyo.)

¥ ပြန်အမ်းငွေ ယူသွားပါ။

(빤안웅웨 유똬바.)

거스름돈 가져 가세요.

(geoseuleumdon gajyeo gasseyo.)

N ဘာရှာပါသလဲ ။

(바샤바대레?)

무엇을 찾으세요.

(mueosul chajaussaeyo?)

B ဘောင်းဘီတို့ ရှာနေတာပါ။

(바옹비또 샤네이다바.)

반바지를 찾고 있습니다.

(banbaju rul chako issumnida.)

B ဒါ ဘယ်လိုလဲ။

(다배로레?)

이것은 어때요 ?

(igeoseun eotaeyo?)

B သိပ်မကြိုက်ဘူး ။

(때익 마짜익부)

별로예요.

(byeolo yaeyo.)

B တခြား အရောင် မရှိဘူးလား။
(따차 아야옹 마시부라?)
다른 색깔 없어요?
(dareun saekkal eobsseoyo?)

N အပြာရောင် ရှိပါတယ် ။
(아빠야옹 시바대.)
파란색 있어요.
(pharangsak isseoyo.)

B ဒါ ငါနဲ့ လိုက်လား။
(다 응아네이 라익라?)
이것 나랑 어울려?
(igeot narang eoullyeo?)

N နည်းနည်း ကြီးသလိုပဲ။
(네네 찌다로베.)
좀 큰 것 같애요.
(jom khun geogaekhtae yo.)

B ဝတ်ကြည့်လို့ ရပါသလား ။
(위잇찌롯 야바다라?)
입어 봐도 됩니까 ?
(ibeobeada dwaemnika?)

N ဟုတ်ကဲ့။ ရတာပေါ့။

(홋껫, 야다뿌엇.)
네, 물론입니다.
(ne, mul'lon imnida.)

B ဒီထက် ပို သေးတဲ့ ဆိုဒ် ပေးပါ။

(디택 뽀 떼이뎃 사잇 뻬이바.)
사이즈는 그것 보다 작은 사이즈 주세요.
(saijeuneun geugeoboda jag-eun geos boyeo juseyo.)

N ဒါက ပြန်လဲတာ / ပြန်ပေးတာ လုပ်လို့ မရပါဘူး ။

(다까 빤레다/ 빤뻬이다 로록 마야바부.)
이것은 교환 / 환불 불가능합니다.
(igeosun gyeohwon / hwonbul bul ganun hamnida.)

B ပို သက်သာတာ မရှိဘူးလား။

(뽀 떡따다 마시부라?)
더 싼 것은 없어요?
(deo ssan geoseun eobsseoyo?)

N ငါးထောင်တန် ရှိပါတယ် ။

(응아타옹딴 시바대.)
오천원짜리 있습니다.
(ocheonwonjari issumnida.)

B အသစ်နဲ့ လဲပေးပါ။

(아몃네 레빼이바.)
새걸로 바꿔 주세요.
(saegeolo bakwo jusaeyo.)

B ထုပ်ပေးပါ။

(토옵 빼이바.)
포장해 주세요.
(phojanghae jusaeyo.)

N ဘာဝယ်ချင်ပါလဲ။

(바 왜 징바래?)
뭘 사시래요?
(mol sasileyo)

Y သစ်သီး ဝယ်ချင်လို့ပါ။

(띳띠 왜 징로바.)
과일 사고 싶은데요.
(gwail sago shiphundeyo)

N ဖရဲသီး တစ်လုံးကို နှစ်သောင်းပါ။

(파얘디 따론고 흐나따웅바.)
수박 한 통은 2 만원이에요.
(subak han thongun I manwoniaeyo)

Y တစ်သောင်းတန် ပြပေးပါ။

(따따웅딴 빠뻬이바.)

일만원짜리 보여 주세요.

(ilmanwon kyari boyoe juseyo)

Y ပန်းသီး တစ်ဖာမှာ ဘယ်နှစ်လုံး ပါသလဲ။

(빤디 따파흐마 배흐나러웅빠달래?)

사과한 바스에 몇 개 들어 있어요?

(sagwa han beuseue myoe ge deuroe issoeyo?)

Y ဒီမှာ ဂျင်ဆင်း လက်ဖက်ရည် ရောင်းလား။

(디마 징씽라팩예 야웅라?)

여기 인삼차 팔아요?

(yeogi insamcha parayo?)

n အားလုံးပေါင်း တစ်သောင်းသုံးထောင်ပါ။

(아톤빠웅 띠따웅 또웅타웅바.)

전부 합해서 만 삼천 원입니다.

(jeonbu habheseo man samcheon won imnida.)

Y ငါး တစ်ကောင် ဘယ်လောက်လဲ။
 (응아 따까웅 배 재이래?)
 생선 한 마리 얼마예요?
 (sangson han mari eolmayeyo)

N ငါး လေးကောင်း တစ်သောင်းပါ။
 (응아 레까웅 따따웅바.)
 생선 네 마리 만원이에요.
 (sangson ne mari manwonieyo)

Y ဒါ ပုပ်နေပြီ။
 (다 뽀옥네이비.)
 이거 상했어요.
 (igeo sanghaesseoyo.)

Y အဲဒါ ချိုလား။
 (에다 초라?)
 그거 달아요?
 (geugeo darayo)

Y ကြက်ဥ ဆယ်လုံး ပေးပါ။
 (짹우 새론 뻬이바.)
 계란 열 개 주세요.
 (gyeran yoelgae juseyo)

ү ပိုကောင်းတာ မရှိဘူးလား။

(뽀 까웅 다 마시부라?)

더 좋은 거 없어요?

(deo joeun geo obsseoyo?)

ү အရည်အသွေးက ဘယ်လိုလဲ။

(아얘아뛔가 배로레?)

품질은 어때요?

(phumjirun eotaeyo?)

ү ဒီပစ္စည်းရဲ့ သုံးစွဲပုံကို သင်ပေးပါ။

(디 뼛씨얫 뚜온쐐뽀온고 띵뻬이바.)

이것의 사용방법을 가르쳐 주세요.

(igeose sayongbangbeobul garucheo juseyo.)

N အားလုံး ရောင်းကုန်သွားပြီ။

(아론 야웅꼬온뚜와비.)

다 팔았습니다.

(da phalasumnida.)

제 13 과
집에서 식사할 때
သင်ခန်းစာ (၁၃)
အိမ်တွင် ထမင်းစားချိန်

M ထမင်း စားရအောင်။
 (타밍 싸야아웅.)
 밥 먹자.
 (bab meokja)

O ဗိုက်ဆာနေပြီလား။
 (바익 사네비라?)
 배가 많이 고프시죠?
 (baega mani gophushijyo)

M ဒီနေ့ ဘာ ချက်လဲ။
 (디네이 바 책래?)
 오늘 뭐 준비했어요?
 (onul moe junbihaessoeyo?)

ဝရှင် ကြိုက်တဲ့ ဟင်း ချက်ထားတယ်။
 (싱 짜익땓 힝 책타대.)

당신이 좋아하는 음식 만들었어요.
(dangshini joahanun eumshik mandureosseoyo.)

M ကျေးဇူးပါ။ အိုး.. အရသာ ရှိလိုက်တာ။
(쩨 주배. 오!..아야다시라익따.)
고마워요. 와! 정말 맛있어요.
(gomawoeyo. waa! jeongmal mashisseoyo.)

O အများကြီး စားပါ။
(아먀지 싸바.)
많이 드세요.
(mani deuseyo.)

M မင်းလည်း အများကြီး စား။
(밍레 아먀지 싸.)
당신도 많이 드세요.
(dangshindo mani duseyo.)

M ချက်ထားတာ တစ်ကယ် ကောင်းတယ်။
(책타다 다개 까웅대.)
맛있게 만들었네요.
(mashike mandureoneyo.)

ဝ တစ်ကယ်လား။

(다개라?)

정말이에요?

(jeongmarieyo?)

m တစ်ကယ်ပါ။

(다개바.)

예, 정말이에요

. (ye, jeongmarieyo)

o နည်းနည်း ထပ်စားပါဦး။

(네네 택 사바온.)

조금 더 드세요.

(jogum deo duseyo.)

M ဝပါဗြီ။

(와바비.)

배불러요.

(bebureoyo.)

M မင်း ဟင်းချက် တစ်ကယ် ကောင်းတယ်။

(밍 힝책 다개 까웅대.)

당신 요리솜씨가 참 대단해요.

(dangshin yorisomshiga cham dedanheyo.)

o ဘာ အစားအစာ ကြိုက်လဲ။

(바 아사아사 짜익래?)

무슨 음식을 좋아하세요?

(museun eumshigul joahaseyo)

M မြန်မာ အစားအစာ ကြိုက်တယ်။

(미얀마 아사아사 짜익대.)

미얀마음식을 좋아해요.

(miyanma-umshigul joahaeyo.)

o အဲဒါ နောက်မှ ချက်ပေးမယ်။

(에다 나욱흐마 책빼이매.)

그거 나중에 만들어 줄게요.

(gugeo najunge mandureo julkeyo.)

M မနက်ဖြန် ဈေး အတူတူ သွားမယ်။

(마낵판 제이 아뚜뚜 뚜와매.)

내일 시장에 같이 가요.

(naeil shijange gachi gayo.)

O ကောင်းပြီ။

(까웅 바비.)

좋아요.

(joayo.)

M လိုတာ ရှိရင် ပြောပါ။

(로다시이잉 뼈바.)

필요한 것 있으면 얘기해요.

(philyohan geo isumyeon yegiheyo)

M ဒီနေ့ ပန်းကန် ကူဆေးပေးမယ်။

(디네 바간 꾸세이뻬이매)

오늘 설거지 좀 해 주겔요

(onul seolgeoji jom he julkeyo.)

O အတူတူ ဆေးမယ်။

(아뚜두 세이매.)

우리 같이 하자.

o အများကြီး စားခဲ့ရဲ့လား။

(아먀지 싸케얏라?)

많이 먹었어요?

(mani meogeosseoyo?)

M ကျေးဇူးတင်ပါတယ်။ အများကြီး စားခဲ့ပါတယ်။

(쩨이주띵바대. 아먀지 싸케잇바대.)

고마워요. 잘 먹었어요.

(gomaweoyo. jal meogeosseoyo.)

o အရသာ ရှိတဲ့ ဟင်း အများကြီး ချက်ပေးပါ့မယ်။

(아야다시데 힝 아먀지 책뻬이바매.)

맛있는 거 많이 만들어 줄게요

(mashinɯn geo mani mandureo julkeyo.)

제 14 과
외식할 때

သင်ခန်းစာ(၁၄)
အပြင်ထွက် ထမင်းစားချိန်

M ထမင်း စားရအောင်။
(타밍 싸야아웅.)
밥 먹자.
(bab meokja)

O ဗိုက်ဆာနေပြီလား။
(바익 사네비라?)
배가 많이 고프시죠?
(baega mani gophushijyo)

M ဒီနေ့ ဘာ ချက်လဲ။
(디네이 바 책래?)
오늘 뭐 준비했어요?
(onul moe junbihaessoeyo?)

oရှင် ကြိုက်တဲ့ ဟင်း ချက်ထားတယ်။
(싱 짜익땟 힝 책타대.)

o ဘာပဲဖြစ်ဖြစ် ကောင်းပါတယ်။

(바베 피잇피잇 까웅바대.)

무엇이든지 좋아요.

(mueoshidunji joayo)

M ကြက်ပေါင်းစွပ်ပြုတ် မှာလိုက်မယ်။

(쩍빠웅습뽀욱 흐마라익매.)

삼계탕을 주문할게요.

(samgyethangul jumunhalkeyo.)

o အဲဒါ စပ်လား။

(에다 쌋라?)

그거 매워요?

(geugeo maewoeyo?)

M လုံးဝ မစပ်ဘူး။

(로웅와 머쌋부.)

전혀 안 매워요.

(jeonhyeo an maewoyo.)

o ဒါဆို စားနိုင်တယ်။

(다소 싸나잉대.)

그럼 먹을 수 있어요.

(gureom meogul su isseoyo.)

M ဒီမှာ ဟင်း မှာမယ်။

(디흐마. 힝 흐마매.)

여기요.주문 할게요

(yeogiyo. jumun halkeyo)

M ဆိုဂျူ အတူတူ သောက်မလား။

(소주 아뚜두 따욱 마라?)

소주 같이 마실래요?

(soju gachi mashilaeyo?)

O အရက် မသောက်တတ်ဘူး။

(아액 마따욱땍푸.)

술을 못 마셔요.

(sureul mot masheoyo.)

M အိ တစ်ယောက်တည်း သောက်မယ်။

(응아 따야욱테 따욱매.)

나 혼자 마시겠어요.

(na honja mashigeseoyo.)

O နည်းနည်းပဲ သောက်ပါ။

(네네베 따욱바.)

조금만 마셔요.

(jogeumman masheoyo.)

M ပူတယ်။ ဂရုစိုက်ပါ။

(뿌대. 가유싸익빠.)

뜨거우니 조심하세요

(teugeouni joshimhaseyo)

m သုံးဆောင်ပါ။

(또웅사웅바.)

드세요.

(deuseyo)

o ကျေးဇူးတင်ပါတယ်။

(쩨이주띤바대.)

고마워요.

(gomawoeyo.)

m ဘာထပ် စားဦးမလဲ။

(바 탑 싸웅말래?)

뭘 더 먹을래요?

(mwol deo meogulleyo?)

ㅇ ရပါပြီ။ ဝပါပြီ။

(야바비. 와바비.)

아니에요. 배불렀어요.

(anieyo.baebulleoseoyo.)

ㅡ ဘာ ဖျော်ရည် သောက်မလဲ။

(바 펴얘이 따욱 말래?)

무슨 음료수 마실래요?

(museun eumryosu mashilaeyo?)

ㅡ အားလုံး ဘယ်လောက်လဲ။

(아롬 배라욱레?)

모두 얼마에요?

(modu eolmaeyo?)

제 4 부

부 록

အခန်း ~ ၄ ~
ဖြည့်စွက်ချက်

목록 (အကြောင်းအရာ)	미얀마 (မြန်မာ)	한국 (ကိုရီးယား)
공식국명 တရားဝင် နိုင်ငံ အမည်	미얀마 연방 공화국 ပြန်ထောင်စု သမ္မတ မြန်မာနိုင်ငံတော်	대한민국 တောင်ကိုရီးယား သမ္မတ နိုင်ငံတော်
위치 တည်နေရာ	동남아시아 အရှေ့တောင်အာရှ	동북아시아 대륙 အရှေ့မြောက်အာရှုတိုက်
면적 ဇရိယာအကျယ်အဝန်း	676,578 km²	99,392 km²
수도 မြို့တော်	네피도 နေပြည်တော်	서울 ဆိုးလ်မြို့
민족 တိုင်းရင်းသား လူမျိုးစု	바마족(ဗမာ)68%, 샨족(ရှမ်း) 9%, 카렌족(ကရင်)7%, 라카잉 (ရခိုင်) 3.5%, 중국계(တရုတ်မျိုးစု) 2.5%, 몬족(မွန်) 2%, 꺼친(ကချင်) 1.5%, 인도계(အိန္ဒိယ မျိုးစု) 1.25%, 카야(ကယား) 0.75%, 다른 와,나가,라후족,리수족,빠라웅...... (အခြား ဝ၊ နာဂ၊ လားဟူ၊ လီဆူး၊ ပလောင် စသည်.. (135 민족)	단일 민족 လူမျိုးစု တစ်စုတည်းသာ

인구 လူဦးရေ	5280 만명 ၅၂၈၀သိန်း	5000 만명 သိန်း ၅၀၀၀
국기 နိုင်ငံအလံ	ပြည်ထောင်စု သမ္မတ မြန်မာနိုင်ငံတော်အလံ	태극기
기후 ရာသီဥတု		대륙성 အပူ အအေး ပြင်းထန်
언어 ဘာသာစကား	(미얀마어)바마어 ဗမာစာ	한국어 (1143 년) ကိုရီးယားစာ (၁၁၄၃ခု)
정치제도 နိုင်ငံရေး နည်းစနစ်	ပါတီစုံဒီမိုကရေစီ	~
화폐단위 ငွေကြေး	Kyat ကျပ်	원 ၀မ်
의회 လွှတ်တော်အစည်းအဝေး	~	양원제 နှစ်ဖက်လွှတ်တော် စည်းဝေးစနစ်
회계연도 ဘဏ္ဍာတော်နှစ်	~	1 월 1 일 - 12 월 31 일 ၁လပိုင်း ၁ရက် - ၁၂လပိုင်း ၃၁ရက်
국민소득 ပြည်သူဝင်ငွေ	၁၀၉၈၀ ဒေါ်လာ $ 10,980	35,000 달러 $ 35,000

도수 ပြည်နယ် အရေအတွက်	7 State and 7 Division (ပြည်နယ်) (တိုင်းဒေသကြီး)	10 도
국화 နိုင်ငံကိုယ်စားပြုပန်း	Padauk (ပိတောက်)	무궁화 rose of Sharon
종교 ဘာသာရေး	Buddhist, Folk, Christian , Muslim, Hindi and other	불교,기독교,카톨릭,유교 ဗုဒ္ဓ၊ ခရစ်ယာန်၊ ကက်သလစ်၊ ကွန်ဖြူးရှပ်စနစ်?
계절 ရာသီ	နွေ၊ မိုး၊ ဆောင်း 여름, 우기, 겨울	봄,여름,가을,겨울 နွေဦး၊ နွေ၊ ဆောင်းဦး၊ ဆောင်း
시간 အချိန်	(GMT +06:30) 한국 - 2시간 30분	(GMT +9) 미얀마 +2시간 30분
국경일 တစ်နိုင်ငံလုံး ပိတ်ရက်	လွတ်လပ်ရေး နေ့ (독립기념일) 1월 4일	New year' day (신정) 1월 1일
	ပြည်ထောင်စုနေ့ (연방 기념일) 2월 12일	Korean New Year 'day (설날) 1월 1일(lunar month)
	တောင်သူလယ်သမားနေ့ (농민의 날) 3월 3일	Independence Day (3·1절) 3월 1일
	တပေါင်းလပြည့်နေ့ (쉐다곤 축제) 3월 13일	Children' day (어린이날) 5월 5일
	တပ်မတော်နေ့ (국군의 날) 3월 27일	Buddha' Birthday (석가탄신일) 4월 8일 (lunar month)

국경일 전국일 တစ်နိုင်ငံလုံး ပိတ်ရက်	သင်္ကြန်ပွဲတော်&မြန်မာနှစ်သစ်ကူး (띤잔 축제) 4월 13-17일	Memorial Day (현충일) 6월 6일
	အလုပ်သမားနေ့ (노동자의 날) 5월 1일	Constitution Day (제헌절) 7월 17일
	ကဆုန်လပြည့်နေ့ (부처 탄신일) 5월 24일	Liberation day (광복절) 8월 15일
	အာဇာနည်နေ့ (순교자의 날) 7월 19일	Midautum Featival (추석) 8월 15일(lunar month)
	သီတင်းကျွတ်မီးထွန်းပွဲတော် (등불축제) 10월 6일	Armed Forces Day (국군) 10월 1일
	တဆောင်တိုင်လပြည့်နေ့ (불교도 축제) 11월 17일	National Foundation Day (개천절) 10월 3일
	အမျိုးသားနေ့ (국경일) 11월 27일	Hangul day (한글날) 10월 9일
	ခရစ်စမတ်နေ့ (크리스마스) 12월 15일	ခရစ်စမတ်နေ့ (기독탄신일) 12월 25일